JN046962

正義の行方

木寺一孝
KIDERA KAZUTAKA

講談社

正義の行方

目次

プロローグ　正義

《力なき正義は無力であり、正義なき力は非道である》

取材をしながら、フランスの哲学者・パスカルの言葉が幾度となく頭をよぎった。

「正義」とはいったい何なのか。何のためにあるのか。

辞書をひもとくと、こう書かれている。

「人として行うべき正しい道理」「人の道にかなった正しいこと」

また、新約聖書の「マタイによる福音書」にはこんな教えもある。

《義のために迫害されている者は幸いです。天の御国《みくに》はその人たちのものだからです》

この世の権力や不条理に反して正義を貫くことは、たとえ迫害されたとしても大事なことで、神は私たちがどう行動するかを見ている、というイエスの教えである。

それでは、どのような正義が正しくて、どのような正義が正しくないのか、正解はあるのだろうか。

このノンフィクションは、三〇年以上前に起きたある殺人事件に巻き込まれていった当事者たちの「正義」をめぐる物語である。

事件の捜査を担った警察官たち、被告人の妻と弁護士たち、そして事件報道に携わった新聞記者たち。三者それぞれには信じる「真実」があり、それぞれが拠って立つ「正義」があった。

いったい何が真実なのか、そして、誰の正義を信じればいいのだろうか――。

ブックデザイン―アルビレオ

1　遺体発見

一九九二年二月二一日は、小雪が舞い散る寒い日だった。

普段から交通量が少ない山中の道路は、冬場とあって観光客も減り、夕方薄暗くなると行き交う車はほとんど見られない。

この日、八丁峠を車で通りかかった五〇代の男性ドライバーが、用を足そうと路肩に車を停めた。

ちょうどガードレールが途切れたあたりにカーブミラーが立ち、その下が土手になっている。車を降り、土手下の雑木林の中を覗き込むと、そこにマネキンのような白い脚が二組、見えた。

幼い少女のようだ。

一人は北側を頭にして仰向けに横たわり、黄色いジャンパーを着ている。もう一人は西側（道路側）に頭を向け、フードの付いた白いジャンパーを着て、うつ伏せになっていた。その身体の下に仰向けになった少女の脚が入り、二人は折り重なるように倒れていた。

生気はまったく感じられなかった。道路側のガードレールが途切れた場所に車を停め、そこから投げ捨てるように遺棄されたようだ。おそらくすでに亡くなっている――そう直感した。

当時はまだ携帯電話はもちろん、山道で公衆電話もない。すぐにその場を離れ、福岡県警甘木《あまぎ》警察署に駆け込んだ。

知らせを受けた甘木署員が現場に急行し、午後四時五五分、二人の遺体を確認した。

元福岡県警　山田善光巡査

休みで、女房が出かけて、一番下の、まだヨチヨチ歩きの一歳の娘を子守りしてたんですけど、そのときに本署から電話あってですね、ちょっと大変なことが起こっとるかもしれんから、ちょっと待機しとってくれと言われて。

その辺だったんですよ。遺体。この辺だったんです。小さい枝がいっぱいあったんです。この辺にいっぱいあって。

――通りがかりの人が発見された？

そうです、はい。通報の通り、マネキンではなかろうかと。

一見そう見えるんですけど、小さくて、白くて、マネキンには見えるけど、子どもであることは間違いなかったし、死体だということもすぐ分かりましたですね。私は

遺体発見現場を示す山田善光元巡査

事件発生当時の山田巡査

分かりました。

一人は顔に硬いもので殴られたような傷があり、もう一人は、頭に同様の傷が残っていた。顔や着衣の様子などから、かなりの量の出血があったことも見て取れた。着衣は乱れており、二人とも靴は履いていなかった。死因は即断できなかったが、何者かによってかなり強い力で殴打されたことは確実だった。

鑑識官が入り、現場の様子を詳しく記録したあと、大人用の白い大きな棺《ひつぎ》が運び込まれ、二人の少女の遺体は甘木署に移送された。

元西日本新聞筑豊総局　宮崎昌治記者

最初にこの（筑豊）総局に来たことが、自分の記者人生を決定づけたと思っています。というのは、当時の上司、総局長とキャップの方が社会部出身で、とくにキャップの方が警察取材では西日本新聞の伝説と言われている方だったんですね。とにかく警察取材で特ダネをとること、それだけに価値をおいてやりなさいと。特ダネとってこいと厳しく指導されまして。

一九九〇年に九州最大のブロック紙である西日本新聞社に入社した宮崎は、かつて炭鉱の町として栄えた飯塚市にある筑豊総局に配属された。筑豊地区は事件・事故が頻発し、社内では将来を嘱望《しょくぼう》される記者が配属されていた。

宮崎元記者

あの日は田川にいたんですよ。鉱害といって、カネ偏の鉱害ですよ。石炭（の採掘）のあとが地盤沈下したり、この辺もいっぱいしているんですけれども、それの連載（「鉱害復旧はいま・最後の10年を前に」）の取材で、田川にいたんですけどね。（遺体が）発見されたときですよ。当時はもちろん携帯とかないんで、ポケベルで49494949、至急至急至急と。

で、電話したんですよね。そしたらデスクが、「あの女の子たち、死んどった」と。どこですか、と聞いたら「八丁峠に行け」と。

遺体が発見された八丁峠は、福岡県のちょうど中央部にある古処山《こしょさん》（標高八五九メートル）の山道である。江戸時代、博多と天領・日田を結んだ街道脇に昭和四五年、旧国道322号が整備され、通称「八丁峠」となった。

道の両側には数十メートルの高さの杉の木が壁のようにそびえ、昼間でも薄暗く感じられる。

片側一車線の車道はもっとも狭いところで三・七メートルの道幅しかなく、大型車同士がすれ違うのに苦労し、正面衝突や谷底に転落する事故が何度も起きた。

麓にある古城・秋月城址側から八丁峠を登り、一〇〇メートルほど行ったところに「第一カーブ」と書かれた丸い看板が立ち、道は右に大きく曲がりながら登っていく。さらに第二カーブ、第三カーブと進むうち峠はいっそう深さを増し、谷側には転落防止のガードレールが設置されている。

遺体は八丁峠を一キロほど登った、第五カーブ右脇の道路下で見つかった。

宮崎元記者

田川支局にいた一期下の後輩と二人で、八丁峠に行ったんですよね。現場にね。すごい寒い日で、雪がチラチラと降って。山の中だったんですけど、まだ非常線も十分張られていない状態で。

まず、あんな山の中なので、前線基地を借りなきゃと思って、民家を探して、当時そういうことをしていたんですね。五〇〇〇円くらい包んで、ちょっと一晩貸してく

宮崎昌治元記者

事件発生当時の宮崎記者

ださい、一部屋、と。電話とかも自由に使えるんで。そういうことをしながら、とんでもないことが起きたなと思ったですよね。

　二四歳か、二五歳か（でした）。


　身元はまもなく判明した。二人は現場から直線距離で一八キロほど北に離れた飯塚市・潤野《うるの》に住む小学一年生だった。二人の家は丘陵部にある新興住宅地で、一五〇メートルほどの近距離にあり、毎日連れ立って潤野小学校に登校する仲良しだった。

　二人は前日、二〇日の朝七時四〇分ころに家を出たあと、もう一人の同級生と三人で連れ立って登校を始めた。しかし、ほどなくして一人が「学校に行きたくない」と言い出したため、三人のうちの一人が先に学校へと向かい、残った二人はうねうねと曲がった坂道を足取り重く、学校方面へ向かいはじめた。

　二人の女児がトボトボと歩く姿が、通りがかった人によって目撃されている。学校の始業時間はすでに過ぎていて、そのまま学校に向かっても遅刻になることは確実だった。

　そしてその後、二人が学校に姿を見せることはなかった。

元潤野小学校図書室司書　倉掛晴美

ここの潤野の地域からして素朴なんですよね、子どもたちが。だから水遊びとかメチャクチャ大好きですよね。もう、プールが楽しみで。プールとか給食とかが楽しみで。元気に来ていましたよね。なんか（あの頃の子どもたちの）声が聞こえそうな。

潤野小学校で図書室司書を務める倉掛が車で女児を探すことになった。このとき、二人を発見できなかったことがのちの倉掛の人生に影を落とした。

倉掛元司書

あの、電話を聞いていたら、教室に行かなくていい職員が「あら来てないの」って言ったら、誰と誰っていうことを担任が言ったんですね。どの子とどの子って。言ったら「あら道草でもしているのね」っていう、のどかな会話ですよね。最初は。

メンバー見回して、「私連れてくるね」って言って。もう家を出ているわけですから。そのへん、学校の近くに来ているんですよね。もう。あ、なら私が連れてくるねって。

——このへんで見つかるかもしれないと？

小学校図書室の司書だった倉掛晴美さん

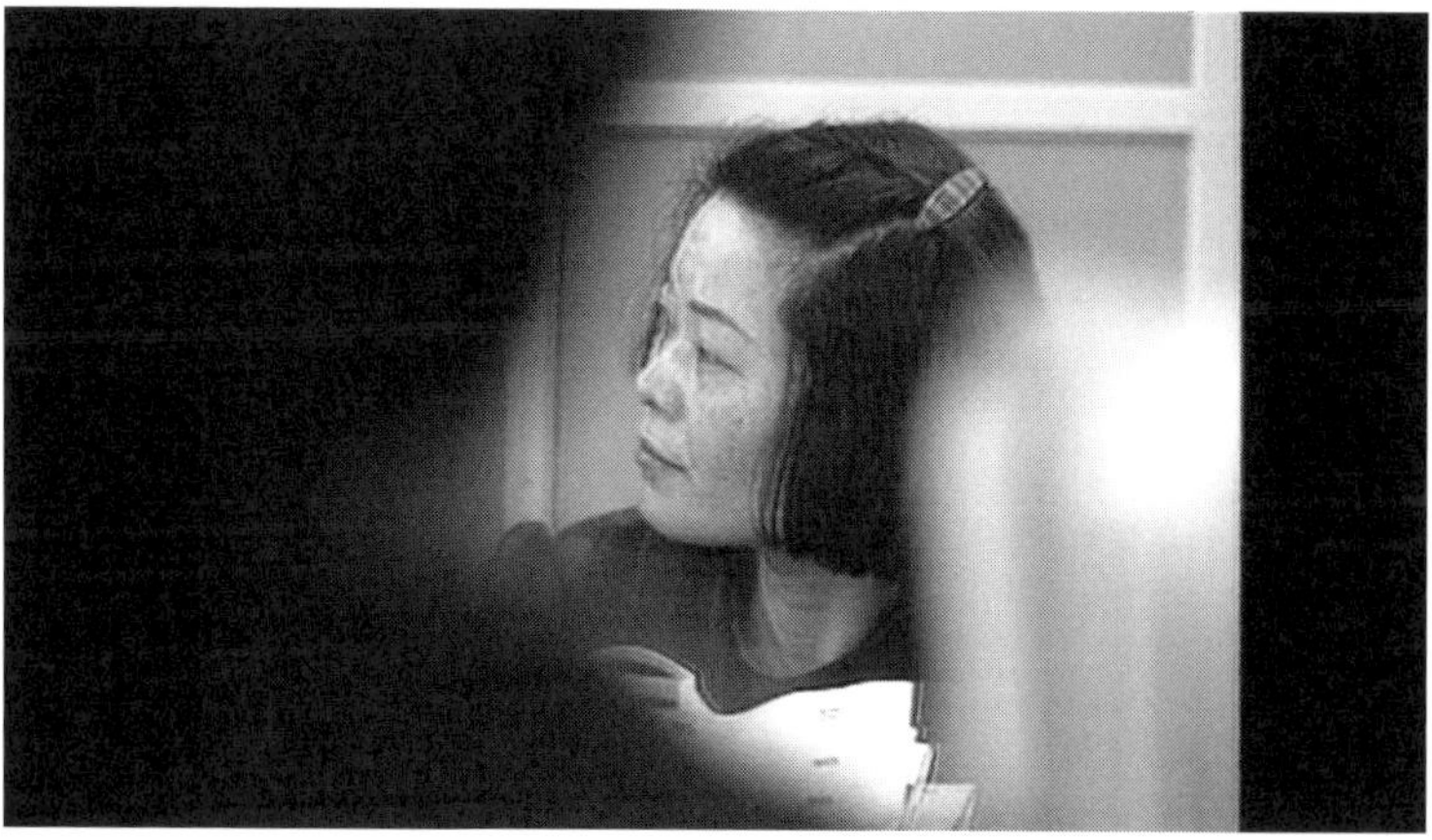

事件発生の日の倉掛さん

もうこのあたりまで来ているんじゃないかねなんて言いながら出かけましたので。

——でも見つからない?

見つからなかったですね。夕方には、あーもういよいよ晩御飯には家に帰らなきゃいかんけど、帰ったら怒られると思って。一人だったらどこかで出てきたでしょうけど、二人だからどっかで励ましあってね。その希望がもうほとんどでしたよね。どこかに二人でいてくれるよね、という。


学校から家族に問い合わせが行き、家族ははじめて二人が登校していないことを知った。その日午後〇時半、二人の家族によって飯塚署に捜索願が出された。眠れない夜を過ごし、それから丸一日が経った翌二一日の夕方、自宅から三〇キロ離れた山中で、二人は変わり果てた姿で発見された。

遺体を納めた棺は午後八時五七分に甘木署に到着し、それぞれの父親が遺体を確認した。我が子の名前を呼び、慟哭《どうこく》する父親に捜査員はかける言葉を持たなかった。

山田善光巡査は、事件発生当時、秋月の駐在所に勤務していた。

死体が遺棄された現場には地元の有志が小さな地蔵を建てたが、山田は二人の命日には地蔵の前で毎年のように手を合わせてきた。

山田にとっても、この事件は人生を左右する大きな出来事だった。

山田元巡査

私ここの駐在所におったんです。それで。下にある秋月の駐在所。そうですね、毎年（命日にお参りに）来れるとも限らんのですけど、近い日に、仕事の都合を見つけて。今日は休みだったので。はい。

――捜索とか、全部関わって？

はい。その後しばらく経ってこれの特捜にも入りました。半年間ずっとこの事件に関わってきました。その後の私の警察人生を左右したような事件ですね。殺人事件、やはりこの前にも後にもたくさん殺人事件携わってきましたけど、これほど悲惨というかですね、家族の、親の泣きじゃくる姿だとか、これはとくにやっぱり印象には残っています。

忘れることはできませんね。

一報は、すぐに潤野小学校にもたらされた。

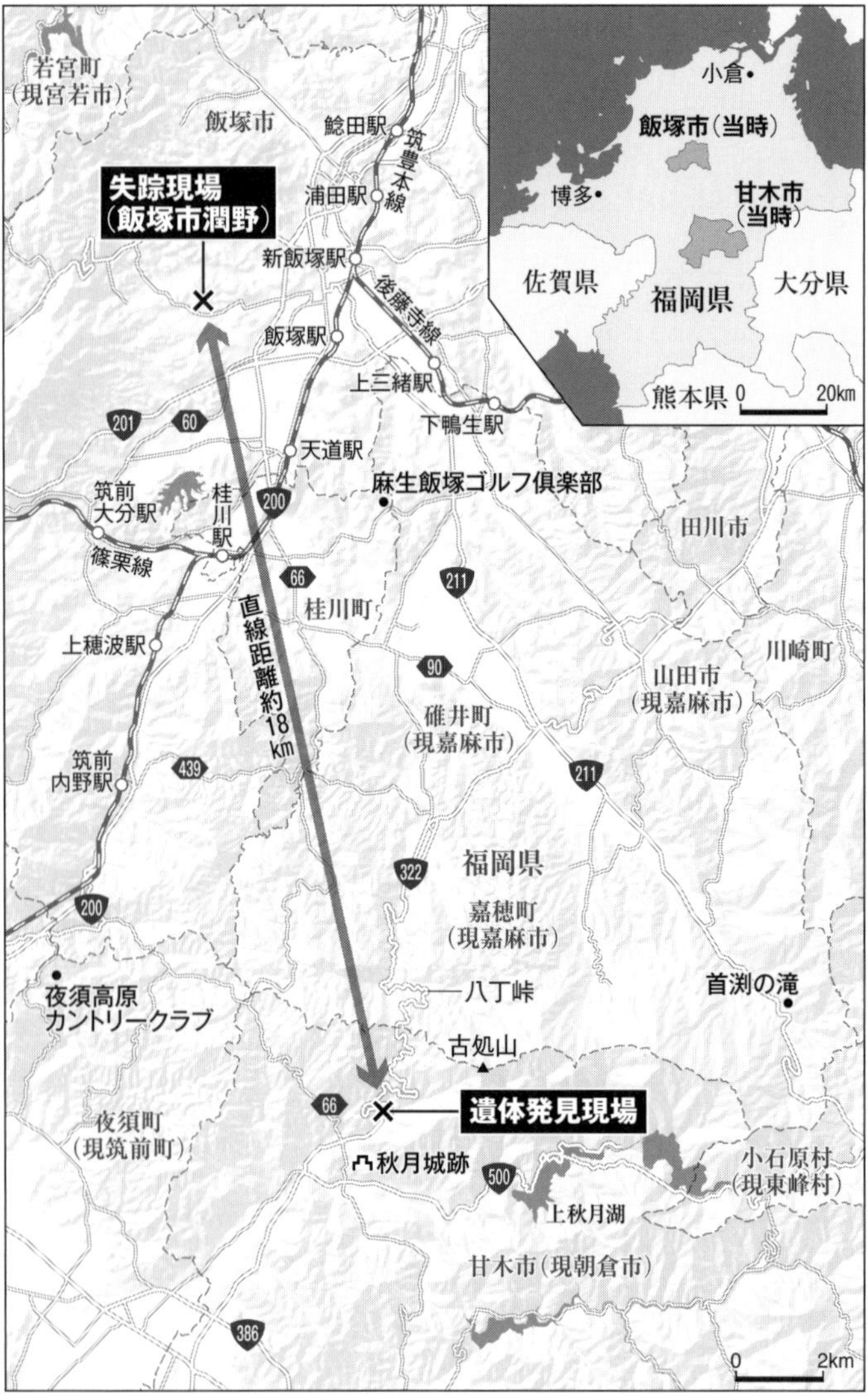
若宮町
(現宮若市)
飯塚市
鯰田駅
筑豊本線
浦田駅
新飯塚駅
失踪現場
(飯塚市潤野)
後藤寺線
飯塚駅
上三緒駅
下鴨生駅
201
60
天道駅
麻生飯塚ゴルフ倶楽部
筑前大分駅
桂川駅
200
篠栗線
66
211
桂川町
直線距離約18km
上穂波駅
90
山田市
(現嘉麻市)
川崎町
田川市
碓井町
(現嘉麻市)
筑前内野駅
439
211
322
福岡県
嘉穂町
(現嘉麻市)
200
夜須高原
カントリークラブ
八丁峠
首渕の滝
古処山
66
遺体発見現場
夜須町
(現筑前町)
秋月城跡
500
小石原村
(現東峰村)
上秋月湖
甘木市(現朝倉市)
386
0
2km
小倉
飯塚市(当時)
博多
甘木市
(当時)
佐賀県
福岡県
大分県
熊本県
0
20km

倉掛元司書

いま校長室のテレビでね、って言って、校長室に何人かが駆け込んだですよね。テレビを見るのに。だから私も最初校長室に入ってテレビを見たような記憶があって、その場で、行方不明の、どういう内容だったか、とにかくこのことですよ。そして結局遺体で見つかったというニュースだったと思うんですよね。

私はなんかですね、腰が抜けたというのか足が崩れたというのか、その場にヘナヘナとなったんですよね。

遺体は二人の父親が確認したあと、午後一〇時三五分に九州大学医学部法医学教室に安置された。

翌二二日早朝七時半から司法解剖が行われ、二人の死因は手で頸部を絞められた窒息死と判明した。この時点で、死亡推定時間は二〇日の午後三時から七時の間とされた。

福岡県警はただちに捜査本部を設置し、二二日の早朝から、四三〇人の捜査員を動員して初動捜査に当たった。

八丁峠第五カーブ脇の遺体発見現場において徹底した鑑識活動を実施すると同時に、二人が登校していた飯塚市潤野の通学路周辺の捜査に着手した。

遺体発見現場には二体の地蔵が安置されている

また、二人が拉致されたと見られる飯塚市潤野から秋月の山中へと向かう道路にも、捜査員を配した。

飯塚市の中心街で二〇日の午後に二人らしき女児を目撃したという情報があり、そちらにも捜査員が向かった。

八丁峠では、一五〇人の県警機動隊員を動員し山中の徹底的な捜索を行った。普段は治安警備や災害警備、要人警護などにあたる精鋭部隊を山中の捜索に当たらせたのだ。

成果はさっそく出た。

捜索を始めて間もない午前一〇時四五分ころ、女児二人のものと見られる遺留品を発見したのである。場所は遺体発見現場からさらに八丁峠を四キロほど進んだ杉林のなかで、地図上では甘木市（現朝倉市）と嘉穂町（現嘉麻市）の境にあたる地点だった。

赤とピンクのランドセルが一つずつ、緑とピンクの靴が一足ずつ、ピンクと黄色の傘が一本ずつ、衣類などである。いずれも遺族によって、二〇日の失踪《しっそう》当時、二人が身につけていたものと判明した。

二人の目撃証言は、県道まで五〇メートルに迫った、三差路付近でのものが最後だった。

二人の自宅がある丘陵地から、潤野小学校に向かうにはなだらかな坂道を下り、古い住宅街を抜けて、県道100号線（大日寺潤野飯塚線）を越えなければいけない。比較的交通量が多い幹線道路で、とくに朝の通勤時間帯は低学年の児童の横断には注意を要する。しかし、この県道を越えてしまえば学校までは二〇〇メートルほどで、子どもの脚でも五分とかからない。

三差路は北から左側に湾曲しながら下りてくる道と、東から西に向けてまっすぐのびてくる道が合流して、緩やかに左に曲がりながら県道100号方向へ下りていく。三差路の北側は、三〇センチ角のひし形のコンクリートブロックで固められて盛り土され、その上に旧家が建つ。

コンクリートブロックは坂道の勾配に沿ってその高さを増して、もっとも高いところでは二メートルを超える。

緩やかなカーブの坂道でそもそも見通しが悪いうえに高いブロックが視線を遮り、三差路の真ん中に立つと、まるで密室のように四方を囲まれているかのように感じる。

二人の女児は、この三差路付近で、何者かに拉致・誘拐された可能性が高いと見られた。

前述したように県道100号大日寺潤野飯塚線は朝の時間帯、交通量が多く、地理に通

二人が拉致されたと見られる飯塚市内の三差路

じた地元の人たちはこの三差路を東西に抜ける道をバイパスとして使っていた。そのため、事件当日の二月二〇日もある程度の交通量があったことが分かっている。

二人の女児を最後に目撃したのは、近くの福岡嘉穂農協潤野出張所に勤める女性・Aさんだった。Aさんは職場にほど近いこの場所に西向きに車を停め、車内で化粧をしていたという。

その途中、北方向から歩いてきた小学校一、二年生の女の子の二人組に気がついた。学校に遅刻しているはずなのに二人は急ぐ様子がなく、妙にだらだらと歩いていた。女の子は二人ともランドセルを背負っていて、一人が黄色の雨ガッパかジャンパーのようなものを着ており、その子のランドセルは赤色だった。

しかし、その三分後に同じ三差路を通りかかった農協の同僚のBさんは、二人の姿を目撃していない。

つまり、二人はこのわずか三分ほどの間に拉致されたものと見られた。

捜査は難航が予想された。

拉致現場と見られた潤野も、遺体発見現場の八丁峠も、車が走り抜けることはあっても、歩く人の多い場所ではなく、目撃証言には期待できない。もちろん防犯カメラもない。

捜査員を指揮する特捜班長は、内心不安を抱えていた。

元福岡県警捜査一課　坂田政晴特捜班長

とにかく、雪の降る寒い日（ということ）だけ記憶にあるですね。とにかく寒かったですね。

——捜査は？

これは難しかったですね。私、現場入って「あれ、これはどうするかな」と。街の中の事件ならばですよ、それはいろんな、捜査方針立てられますよね。山の中でしょう。最初はやっぱし、ええ、どげんするかいなと思って、捜査員の前では言えませんけどね。自分の腹の中で、ええ、

これは困ったなというのが正直ですよね。まあしかしやらなきゃいかんと。

こんないたいけな子どもが殺されとるんやから、やらなければいかんというのはそれはありますけどね。


福岡県警は総力をあげた体制をとったが、端緒を摑むのは容易ではなかった。二人の女児が殺され、遺棄された凄惨なこの事件は、「飯塚事件」と呼ばれるようになる。県警の威信に懸けて絶対に解決することが求められる——捜査幹部は身震いする思いだった。

加えて、もう一つ「絶対解決」が必要な理由があった。三年前の未解決事件である。

2　捜査開始

山田元巡査

地域密着の仕事は楽しそうやなということで、希望してこっちに来まして。まあ、良かったなと。こういう仕事を一生続けられたらいいなと思って。都会と比べると全然違いますよね、やっぱし。雰囲気そのものが違いますからね。心穏やかに暮らせますよ。こういうところにおったらね。

事件発生から一一日後の三月二日、難航する捜査を打開する端緒を摑んだのは、山田善光巡査だった。長く秋月の駐在所で交番勤務を続け、地元住民と親密な関係を築いていたことが功を奏した。

山田元巡査

近所の奥さんが、皆さん、大変やろうけん、皆さんでちょっと食べてという形でお菓子かなにか、差し入れに来られたと思うんですけど、その人が、職場の同僚から聞

322
福岡県
嘉穂町(現嘉麻市)
桂川下秋月線
66
遺留品発見現場
八丁峠
古処山
遺体発見現場(第5カーブ)
甘木市(現朝倉市)
秋月街道
322
秋月城跡
500
小石原川
上秋月湖
0
1km

いた話として近くで車を見たと言いよったと。

紺色のワゴン車だったんで、これ違うよねと。これは犯人じゃないよね、まったく関係ない話だよねということを言ったんですよ。いやそれはあなたが決めることじゃないし、分からんことやけん、ちょっと話聞きたいねということで、私が刑事のほうにその話を伝えて。それで、そこからが始まりですよね。


地元住民の何気ないひと言を、山田巡査は聞き逃さなかった。「職場の同僚」から聞いたという話は、二月二〇日の事件当日、八丁峠で紺色のワゴン車を目撃したというものだった。

目撃者は森林組合の職員の男性で、森林の所有者から委託を受け、森林の現場監督や写真撮影などの仕事に従事していた。この日は朝から現場に入って作業を終え、森林組合の事務所に戻るため軽四輪の貨物自動車を運転していた。

午前一一時ころ、山中の八丁苑キャンプ場事務所の手前二〇〇メートルほどの地点で、反対側の車線（登り車線）の路肩に「紺色のワゴン車」が駐車しているのを目撃する。

六〇メートルほどの距離まで近づいたとき、車の助手席付近を前頭部の禿げた中年男性が歩いているのが見えた。

元福岡県警捜査一課・坂田政晴特捜班長

坂田元班長

あれは、もうちょっと小躍りしましたね。あんな山の中でそんな目撃者がおるとは。こっちはですね。たまたま森林組合の方が、昼食のために山を下りたと。彼がカーブを曲がって昼食のために八丁峠のカーブを曲がって、そしたら山の斜面から一人の男が上がってきていたと。目撃者の車見てびっくりして、そこで前のめりになって倒れたと。ものすごいリアルだったんですよね。

ただボオーと立っとってとやなくて。そしたらそこがちょうど、あのランドセルや着衣を捨てた場所でしょ。これはもう犯人に間違いないぞと。犯人の目撃ということで、もう小躍りしましたよ。

うん。それは車の特徴が出ますからね。（目撃者が見たのは）やっぱしダブルタイヤで、マツダのダブルタイヤですよ。

中年男性は職員の軽自動車に気がつくと、路肩で足を滑らせつんのめるように倒れ、両手を地面についた。

「小便をしていると思ったが、何となく気になった」

職員はワゴン車とすれ違ったあと、振り返って再度ワゴン車のほうを見ると、いつの間にか中年男は車の後部にいてこちらに背を向けていたという。

目撃者はその日のうちに山中で車と男を見たことを職場の同僚に伝えている。しかし、目撃した場所が遺体の発見現場とは離れていたため、事件には直接関係がないと思っていた。


この事件で捜査本部は、二月二一日に二人の女児の遺体が発見された直後から、ある事件との関連を強く意識していた。

三年二ヵ月前の、「アイコちゃん失踪事件」である。

一九八八年一二月四日、日曜日の朝一〇時ころ、二人と同じ潤野小学校一年生だったアイコちゃんが自宅近くの住宅建築予定地の空き地で遊んでいるところを目撃されたあと、行方が分からなくなっていた。

失踪したアイコちゃんは小学校の南約一キロほどの明星寺《みょうじょうじ》団地に住んでいた。

県警は事件に巻き込まれた可能性もあると見て、大がかりな捜査をしたものの、手がかりが摑めず、捜査はそのまま、事実上中断していた。

同じ潤野で、同じ小学校一年生の女児が失踪した。二つの事件に関連はあるのか。

地元の西日本新聞は発生翌日の朝刊で「幼い女児また犠牲」という見出しをつけ、「なぜうちの学校にだけ悲劇が相次ぐのか――」という悲痛な声を伝えている。

このアイコちゃん失踪事件は、丸三年以上経った時点でも、遺留品さえ見つかっていなかった。小学校一年生の女児が自ら失踪する可能性はきわめて低いが、事件か事故かも判然としなかった。

福岡県警にとって、このアイコちゃん事件は大きなしこりになって残っていた。

行方不明になる直前、アイコちゃんは自宅のすぐ近くにある一軒家を訪れていた。アイコちゃんの弟がこの家の一人息子の同級生で、弟はしばしばこの家に遊びに来ており、アイコちゃんもこの日、弟とともにこの一軒家に来ていたのである。

弟の同級生の父で、この家の主の久間三千年《くまみちとし》は、「最後にアイコちゃんに会った人物」だった。そこから、福岡県警の捜査線上に「久間」という存在が浮上したのである。

久間三千年の妻

（アイコちゃんの）お母さんがウチに来たんですよ。「ごめんください」と言って来たから、私は（弟の）アッくんがいなくなったのかなと思って心配したんですね。

そしたら向こうにアッくんがついて、アッくんの顔が見えたから、あれと思ったら、お母さんが、「アイコ来てないでしょうか」と言うから、「ええ、アイコちゃんはうちには来てないですよ」と言って、それで帰られたんですね。

主人に、アイコちゃんがうちに来たことある？ と聞いたら、朝、子どもたちが町内会の清掃が終わって自分が帰ってきたときに、ウチの息子とアッくんとが、ずっと階段を上がってきて、そのあとにアイコちゃんがついてきたらしいんですよ。

でも主人がおかしい、あんまり子どもにウロウロされるのもいかんから、チョコレートかなんかをうちにあったのを取りに来て、そして持っていって、やっているんですね。

そのあとアイコちゃんはもう、すぐ帰ったというわけですよ。いなくなったと。それは私はあとで聞いたんですけれどもね。だから私は全然アイコちゃんを見ていないんですよ。

アイコちゃん失踪当時、五〇歳だった久間は五四歳になっていた。

坂田元班長

久間は性犯（性犯罪者の前歴）では出てこんと思うんですけどね。まあ、かつてこういう（行方不明）事件で疑いを受けたと。こういう子どもがいなくなった事件で疑いを受けたということは過去の歴史に歴然と残っていますから。

それはみんな捜査団はそういう捜査をするうえでは、あ、こういう事件があったなというのはみんな知っていますよ。

宮崎元記者

のちに裁判資料とかを読むと、久間三千年元死刑囚が捜査線上に浮上していたというのは分かるんですけれども、僕らも取材していく過程で、まだ、久間さんが逮捕される前の段階で、アイコちゃんと久間元死刑囚に接点があったことが分かっていくんですけど、発生当時はそんなことまったく、知りませんでした。

久間は飯塚市の市境から南約五キロ、二女児の遺体発見現場から北一〇キロにある炭鉱の町・山田市（現嘉麻市）の出身で、定時制高校を中退した後、山田市の職員として採用された。市長の公用車の運転手や総務課管財係などとして二〇年の間市役所に勤務したのち、一九七七年に退職している。

その後いくつか仕事を変わり、一九八四年以降は無職で、地元で働く妻の送り迎えをしたり、パチンコをしたりして生活していた。隣人が病気になったときには自らケーキを焼いて届けるような一面もあったという。アイコちゃんが行方不明になったときは町内会長として率先して捜索隊に参加していた。

久間三千年の妻

私ほとんど子どもの世話してないんですよ。恥ずかしいけれども産んだだけで。主人が全部子どもの世話をしてくれて、私が仕事に行くだけ、仕事に行って帰ってくるだけみたいな形の生活でしたね。本当に子煩悩ですよね。子どもが喜ぶところはどこにでも連れていきたいという感じで、テレビを見ていて、出水《いずみ》（鹿児島県）の鶴が舞い降りているところがあるじゃないですか。

それを見ていて、これを見に行こうという形で、それから行くんですよ。だから、「これ、子どもが喜ぶやろう」という形で行くんですね。

アイコちゃんの失踪から三年二ヵ月が経って、再び同じ潤野小学校の女児が誘拐され、

久間三千年

殺害された。

そこで、再び久間の存在がクローズアップされてきたのである。久間は車の運転に長《た》け、事件現場一帯に土地鑑があったと考えられた。しかし久間の関与を示す証拠は見つからず、久間が幼児性愛のような性癖を持つという痕跡もなかった。

坂田元班長

当初私たちは久間というのはアイコちゃん事件の容疑者だったというのは頭に入っていましたけど、まだ現場捜査しよるころは全然それありませんよ。

ただ、ダブルタイヤで捜査していったら、だんだんだんだん久間が出てきたということですね。容疑者とものが引っ付いたということでしょうね。現場に足がついたということです。

どんなに容疑者が、立派な（有力な）容疑者がおっても、現場に足がつかんことには、現場までその容疑者が行かんことには犯人じゃないでしょ。この場合は現場に容疑者の足がついたということだと思うんですよね。

山中でワゴン車を目撃した森林組合の職員は、その特徴を詳細に証言した。そのひとつが、「後輪ダブルタイヤ」だったのである。
久間三千年は当時、紺色のマツダ・ステーションワゴンの最上位グレード「ウエストコースト」を所有していた。この車種は、左右の後輪にタイヤが二つずつついている「ダブルタイヤ」であることを特徴とする。

宮崎元記者
後輩記者が夜回りで、久間三千年という人が浮上しているという情報を夜回りでとってきたんで、当時ゼンリンの（住宅）地図があるじゃないですか、ゼンリンの地図で、久間三千年なる人物の家はどこだということでブワーとこう、探していったんですね。潤野小あたりから中心にですね。
そしたら、あったんですよ。

久間の自宅は、潤野小学校の南側の住宅地にあった。住宅地図に記された名前をしらみつぶしに当たっていくうち、「久間」の名前を見つけた。
宮崎記者は密かに久間家の駐車場に忍び入り、「紺色ワゴン車」を発見する。

ワゴン車を運転する久間

宮崎元記者

車の下に潜り込んでですね、潜り込んで、後輪のタイヤを手で、こんな感じでこう触ったら、山が二つあって、あ、これダブルタイヤだと。

ダブルタイヤだと思った瞬間、ぞーっと鳥肌が立って、あ、これやん。コイツやんと。

「後輪ダブルタイヤ」をその手で触った感触は、長く宮崎を支配していく。

警察の捜査は「久間三千年」に向かって絞り込まれていったが、遺体や誘拐現場と久間を結びつける決定的な物証は見つからなかった。

事件当日、久間はいつものように妻を車で消防署まで送っていた。その帰り道、朝八時半ころに、女児二人が姿を消した三差路を通過したとしても不自然ではない。

しかし実際に久間がこの日、三差路を通過したかどうかははっきりしなかった。

決め手となる物証に乏しく、難航する捜査の突破口になったのが、「DNA型鑑定」だった。

3 地元紙のプライド

飯塚市内で少女二人が誘拐され、殺害された事件発生の九ヵ月前の一九九一年五月二九日、参議院の決算委員会で千葉景子議員（のちに法務大臣）が質問に立っている。

警察庁の國《くに》松《まつ》孝《たか》次《じ》刑事局長が説明員として回答した。

千葉議員

「報道によりますと、警察庁の方でいわゆるＤＮＡによる鑑定を今後積極的に使っていきたいという報道がなされておりました。（中略）警察庁としては今後このＤＮＡ鑑定というものを積極的にどのように使われていこうとなさっているのか」

國松刑事局長

「ＤＮＡ鑑定と申しますものは個人識別の方法といたしましては大変有効なものでございまして、若干大げさかもしれませんけれども、二十一世紀における我々の鑑定技法の中で大きな地歩を占めるものと期待をしておりまして、その技法等につきましても、既にもう科学警察研究所におきましてかなり有効性、信頼性のあるものと確定をしておるところでございます。今後、そういうものの技法を、さらに改善を図りながらやってまいりたいと思います。

なお、若干この問題につきましては、いま委員御指摘のとおり、まだ制度化されておるとかいうようなところまでいっておりませんので、今後そうした制度化するためのガイドラインなどをつくりながらその制度化を図ってまいりまして、司法手続におきましてもどんどんこのDNA鑑定によりまして個人識別が行われていくように、その方向に向けて私ども努力をしてまいりたいと思っております」

千葉議員の質問のきっかけになったのは、この一週間前、五月二三日付の毎日新聞の一面に掲載された記事である。

それによると、警察庁は「DNA（デオキシリボ核酸）鑑定」を犯罪捜査に導入することを決め、主要五警察本部で一九九二年度から、その他の道府県警でも九四年度までの実施を目指すことになったという。

DNA型による個人識別は一九八五年にイギリスの科学雑誌に発表されたのが最初で、以降親子鑑定などに利用されていた。微量のDNAを大量にコピーする手法（PCR＝合成酵素連鎖反応法）の開発によって、一ミリ四方の血痕があれば鑑定できるようになった。これにより、犯罪捜査は「一九一一年の指紋制度の発足に次ぐ新たな時代を迎える」というのである。

警察庁の科学警察研究所はＤＮＡによる個人識別の技術を犯罪捜査に応用するための研究を進め、一九九〇年一一月には条件の悪い試料からでもＤＮＡ型を鑑定できるようにするなど実用段階に入っていた。

すでに帝京大学法医学教室の石山昱夫《いしやまいくお》教授（元東京大学教授）らが独自に細胞のミトコンドリアでのＤＮＡ型鑑定法を開発し、殺人事件の捜査に応用したケースもあったが、警察庁は独自の検査法にこだわっていた。

警察庁の科学警察研究所は一九八九年に「ＭＣＴ１１８型」及び「ＨＬＡＤＱα型」という二種類の検査方法を開発しており、その方式に統一したいと考えていたのである。

ＭＣＴ１１８型検査はＤＮＡの一部を大量に増幅してその塩基配列部分の繰り返し数を分析する手法で、微量の血液や精液斑などから抽出された試料でも検査可能なことを特長とし、そのため犯罪捜査に伴う鑑定手法として有力だとされていた。

これを受けて警察庁は全国の都道府県警察にＤＮＡ型鑑定機器を配備することとし、國松刑事部長を中心に政界などへの根回しを進めていた。

まずは警視庁、大阪府警、宮城県警、広島県警及び福岡県警の五都府県警にＤＮＡ型鑑定機器を配備する計画で、参議院で質疑のあった三ヵ月後の一九九一年八月、警察庁は四年計画の初年度として一億一六〇〇万円の予算を概算要求している。

さらに一九九二年四月一七日付で「ＤＮＡ型鑑定の運用に関する指針」を出して都道府県警察の科学捜査研究所にもこの二種類のＤＮＡ型鑑定法の導入を開始し、一九九五年度には全国の都道府県警への整備を完了した。


これにより、全国の犯罪捜査の様相は一変した。

一九九〇年五月に発生した足利事件では、発生から一年半後、ＤＮＡ型鑑定をもとに幼稚園バス運転手の菅家利和《すがやとしかず》さんを逮捕し、逮捕後の強圧的な取り調べによって菅家さんから「自供」を得ていた。

さらに一九九一年一月に栃木県内で発生した連続強姦致傷事件の一審・水戸地方裁判所下妻支部の判決は、ＭＣＴ１１８法を含む二種類のＤＮＡ型鑑定および血液型鑑定の結果を「一六〇〇万人に一人」「七〇〇〇万人に一人」の出現頻度であるとして、その証拠能力を高く評価していた。

國松刑事局長は翌一九九二年四月七日の参議院地方行政委員会で、水戸地裁の判決でDNA型鑑定の結果が証拠採用されて有罪の決め手になったことを報告している。警察は、指紋に続く犯罪捜査の強力な武器を新たに手にしていたのである。

飯塚事件でも、DNA型の検出が試みられた。

二人の女児から検出された検体（試料）は、血痕など合計一五点。一人の女児から五点、もう一人の女児から四点、さらに遺棄現場の木の枝やヒノキの葉に付着した血痕、唾液が六点であった。

福岡県警は二人の女児と現場から採取された検体によってDNA型を判別しようと試み、同時に、久間のDNA型を特定する試料を手に入れようと考えた。

久間三千年の妻

私がいるときだったかな、（警察官が）見えたときに、主人に県警のほうに来てほしいということで、申し出があったということで行ってくると。「自分だけだったらイヤ」と言っていたみたいですけど。みんな、誰でもお願いしていますみたいな形で。それで、日にちを決めていくようにしたんですけどね。それで帰って来て、その日は帰って来て、しばらくしたら、福田（秀和）係長という方が見えられて、「奥さん、一二〇パーセント白ですから」とか、「心配ないです」とか言われたんですよ。「警察は貧乏だから」とか言われて果物を持ってきてくれたんですけどもね。

――それではことは収まらなかった？

ですね。

――ＤＮＡ鑑定みたいな？

ああなんか毛髪とかを渡してきたと言ってましたね。毛髪を五本とか言われたのを六本置いてきたよとか言ってましたけども。

――素直に応じた？

はい、はい。

――ＤＮＡ鑑定がそこで？

されているんでしょうね。

久間から提供を受けた六本の毛髪と、遺体や現場から採取された一五点の試料とのＤＮＡ型照合の結果は、この年六月中旬に出た。

警察庁科学警察研究所は、遺体や現場の検体から検出された二人の女児以外のＤＮＡ型は久間のＤＮＡ型と一致し、同一人物である可能性がきわめて高いと鑑定したのである。二月の発生以来、延べ三万人の捜査員を投入し、威信を懸けた捜査を行っていた福岡県警は色めき立った。

坂田元班長　おお、もう令状請求の準備せいと言って。もう決まりだと。ＤＮＡ（の型鑑定）出たやないかと。そして、ダブルタイヤが出た。もうこれは間違いないぞということで。

ところが意外にも、福岡地検は逮捕状を出すことに首を縦に振らなかった。

「現在のＤＮＡ型鑑定の精度では、有罪立証の決め手とはならない。仮に逮捕しても現在の証拠だけでは公判維持できない。容疑否認でも起訴できるだけの物証を集めてほしい」

そう検事は要求したという。足利事件で逮捕された菅家さんが早々に「自供」していたことが念頭にあった捜査本部は、「逮捕すれば、自供を引き出す材料はある」と反論したが、認められなかった。

坂田元班長
　検事さんはまだ勉強してました。それはそうです。慎重ですよ。これはまだいまのところ確立していないと。
　倍々（確率）の問題だから、その証明がない以上は、指紋と違うんだということとで。えーそんなことウソーと言ったけど、私も勉強したら、まだまだDNA鑑定の発展途上のころですからね。

　そのころ、西日本新聞の社会部に栄転していた宮崎昌治記者は捜査一課担当として久間の毛髪と現場に残された試料のDNA型鑑定の結果が一致したという情報を密かに摑んでいた。

　これをスクープとして打つのか、社会部では激しい論戦が起こっていた。

　宮崎昌治ら現場の記者は、久間が被疑者として浮上していることを他紙に先駆けて書くべきだと主張した。

　しかし社会部内には、反対論もあった。その急先鋒は、事件担当のサブキャップ・傍示《かたみ》文昭《ふみあき》だった。福岡県警が久間を被疑者と見ていることは明らかでも、即逮捕という情勢ではない。この段階で記事を書くことが適切なのかどうか、懐疑的だったのだ。傍示もまた

元西日本新聞・傍示文昭サブキャップ

飯塚事件という〝魔物〟に引き込まれていくことになる。

元西日本新聞事件担当サブキャップ　傍示文昭

完全にDNAは一致しているという情報と、だけど、地検からいろいろ積み残した宿題があるのでそれを消化してくれということで、すぐには逮捕はできないと。しばらくかかると。その捜査にですね。だけども、間違いないという（現場記者の）言い方と、どうも某社が摑んでいるようだというところで、じゃあどうする、っていう会議が。

宮崎元記者

当時は、ボクら情報をとってきている側なんで、他社に負けたくないというのもあるので、明日逮捕しないかもしれないけど、彼が重要参考人であることは事実だし、DNAというね、聞いたこともない、すごい証拠もあるんだから、書くべきだと。書いて、他社に勝つべきだと。

傍示元サブキャップ

　明日逮捕はない。じゃあ来週あるのか。来週もない。来月あるのか、それも無理ですと。だったら打てないだろうと。

　基本的には「重要参考人浮かぶ」というのは、実際もう、報道の王道としては、明日逮捕か、翌々日逮捕ぐらいで書くというのがまさに王道なわけです。というのは、どうしても、逃亡の恐れとか、自殺の恐れとか証拠隠滅《いんめつ》の恐れって捜査妨害をしないというのが報道の王道でもあると思っていたので、それだったら打てないだろうと。まだ。

宮崎元記者

　いや、まだ待つべきだという意見があったとしてもそれは大先輩の、考えとしてはそういう考えもあるよねというくらいだったと思いますよ。あんま引っかかってないということは、打つか打たないかを決める立場でなかったんで、僕らは現場として、これはもう打ちましょう、行きましょうという。

傍示元サブキャップ

実際、名前は当然匿名ですけど、地域もぼかす、年齢も書かないっていってもやっぱり近所の人は分かるわけですから、事実上の公開捜査になるわけであって、それは打てないだろうということでさんざん議論したんですけど、地元紙として負けるわけにはいかないという、特ダネ競争のプレッシャーに負けたというかですね。

最後は、社会部長の決断によって一面トップでの記事掲載が決まった。当時、スクープ記事を掲載するタイミングとしてしばしば「新聞休刊日前の日曜朝刊」が選ばれた。ネットの速報がなく、紙面での報道が最速だったこの時代、他紙が後追い記事を書こうと思っても一日半遅れの月曜夕刊まで待たなければならない。

一九九二年八月一六日は、まさにその新聞休刊日前の日曜朝刊だった。終戦記念日翌日で各社が関連取材に手をとられる間隙《かんげき》を縫うように記事は掲載された。

〈飯塚の2女児殺害　重要参考人浮かぶ　DNA鑑定で判明　県警　現場の体毛と一致

福岡県飯塚市の潤野小一年生（当時）の女児二人が今年二月、殺害され、同県甘木市の山中で見つかった事件を捜査している同県警捜査一課と飯塚署などの捜査本部は十五日までに、遺体遺棄現場に残されていた体毛が警察庁科学警察研究所（東京）のDNA（デオキシリボ核酸）鑑定の結果、同県内に住む中年の男性と一致していることを突き止めた。捜査本部はこの男性を重要参考人として、第三者機関の東京大学にDNAの再鑑定を依頼するなど詰めの捜査を急いでいる〉

〈捜査本部では、DNA鑑定結果のほか①女児の遺留品から採取した女児とは別の血液型が男性のものと一致②犯行時のアリバイがない──などから男性を重要参考人とみている。

しかし、DNA鑑定以外に有力な決め手がないことから、捜査本部は、さらに重要参考人と結び付く他の物証の発見や目撃情報の収集を進めている〉

（一九九二年八月一六日付西日本新聞朝刊一面）

記事ではDNA型鑑定を血液鑑定と併用することで一〇〇万人に一人程度までの精度で個人の識別が可能、と書いている。

福岡県警がリストアップした約五四〇人の不審者のうち、この中年男性のDNA型が現場で見つかった試料と一致したという記事で、この中年男性が被疑者であることを強く意識させている。

記事を見て、他社も動いた。

久間三千年の妻

（翌日）お客さんがみえたからですね、出ていったら、「共同通信です」って言われて、「西日本新聞を見てきました」って言われたんですよ。

だからえっと思ってウチも西日本新聞とってたので、主人が、西日本新聞ちょっと持ってこいと言って（記事を読んで）みたら、重要参考人ですかね、重要参考人っていう形のような言葉が出ていて、ああ、これだったら捕まるんじゃないとか話していたんですけれども、それで話しているうちにですね、「自分が疑われているのかな」っていう形でその記者さんと話していたみたいで、記者さんも笑いながら、「あなたは違うね」みたいなですね、話しているうちに、「そういうタイプじゃないよね」とかなんとかそういう話をされていたみたいですね。

それからちょっとなんかいろいろおかしいというかですね。

しかし、予想されたように、記事が出たあとも捜査にはかばかしい進展はなかった。福岡地検は、目撃証言とＤＮＡ型の一致だけでは逮捕状を請求しない。ほかに証拠はないのか――久間と事件の関連を探る捜査が続いた。

一方の久間は、西日本新聞の報道によって福岡県警が自分を「最重要被疑者」と見て捜査していることを知った。

記事から一ヵ月半が経った九月二六日、久間は所有していたダブルタイヤのマツダ・ステーションワゴン「ウエストコースト」を販売店に下取りさせ、新車に買い替えた。

久間は飯塚市内含め何ヵ所かの業者に売却を打診したすえ、結果的に飯塚から離れた北九州の販売店を選び、引き取らせた。

この車は、もともと一九八三年七月に北九州市在住の男性が新車として購入したものである。この男性が約六年間使用したあと、一九八九年七月に北九州三菱自動車に下取りさせた。それを飯塚市内の中古車販売業者が買い取り、ボディなどの傷を修理したあと、飯塚市内で展示・販売した。

久間は一九八九年九月末にこの中古車販売業者を訪れ、車を購入している。名義上の所有者は妻としていた。

久間はこの車をほぼ三年間使用した。売却する直前、車の座席を外して念入りに水洗いしたことが、かえって警察の疑念を招くことになった。

元福岡県警捜査一課特捜班・小山勝刑事

元福岡県警捜査一課特捜班　小山勝刑事

なんでそこまでせなあかんかと。ふつう車を売却するにしても、外と室内は簡単に掃除して、一円でも高く売らないかんからそんなことすると思うんですけど、シートまで外して、座席シートまで外して水洗いして、売却するということはなにかあると。

いくら警察が疑ごうたとしても、自分が犯人でもない、事件に関係ない、そうあった場合にそこまでするかなと。それ裏返せば犯人じゃないかと。

一方久間の妻によると、シートを念入りに水洗いしたのは警察の動きを警戒したためだったという。

久間三千年の妻

やっぱり何をされるか分からないちゅう（ことが）、主人の頭のなかにあるんですよ。やらせっていうんですかね。あるじゃないですか。なんにもないところにポンと毛髪があったとかいうんであれば、ね、席を自分がきちっと掃除して、納得いく掃除をしとったうえに、そんなのがあったちゅうんだったら自分はあの、やらせに、やらせというんですか、それが分かるちゅうて言ってましたけどね。だから掃除した目的はそれですよ。

自己防衛のためですね。何するか分からんちゅう感じがあるから。

事件現場で目撃されたのと酷似した車を慌てて売却したのは、なにかやましいことがあったためではないか。

もっと言えば、証拠隠滅を図ったのではないか。

そう考えた警察は久間が売却した車を販売店から押収し、徹底的に調べた。車は丁寧に清掃されており、遺留品と言えるものは小さなサイコロが一つだけだった。捜査本部はこのサイコロについても被害者と繋がる手がかりになりうると見て捜査したが、確証は得られていない。

さらに車のシートなどの調査を続けた結果、後部座席の左側内部から、微量の血液を検出することに成功した。シートの奥に染み込み、残っていた血痕の血液型はO型だった。二人の女児のうちの一人と同じ血液型である。発見された遺体の状況から、女児は亡くなる前、犯人に殴打されて大量の鼻血を出したことが分かっていた。

久間の妻の証言では妻と子どももO型で、血痕は家族のものである可能性もあった。一方、久間の前にこの車を所有していた男性も、大量の出血には心当たりがないと供述した。

福岡県警は、車から発見された微量の血液もＤＮＡ型鑑定に回したが、試料の量が少なすぎてＤＮＡ型は検出できなかった。また、後部座席から検出された血液がいつ付着したものなのかも、判然としていなかった。

捜査は再び、膠着《こうちゃく》していく。

「重要参考人浮かぶ」のスクープを放った西日本新聞は、焦りの色を強めていた。

傍示元サブキャップ

常に任意聴取に対しても久間さんはねえ、全面否認ですし、その他アリバイはなかったですけれども、捜査っていうのは行き詰まったというかですね。

だから結局私はそのあと一年間サブキャップをやって、その後キャップになってさらに一年間やって、結果的にあの事件にどっぷり二年間携わったんですけれどもその二年間はほとんど動かなかったですからね。


一方、飯塚市潤野の久間の自宅周辺では、西日本新聞の記事をきっかけに「あの人が犯人」と噂されるようになり、久間は苛立ちを強めた。新聞、テレビなどの記者が周囲に張り付き、久間は写真や映像を撮られるようになった。

久間は何度もテレビのインタビューに応じ、「自分は絶対にやってない。犯人じゃない」と強く主張した。記事を書いた西日本新聞にも弁護士を伴って面会を求め、警察に対する国家賠償請求訴訟を起こすとして、その「準備書面」とする文書一〇枚を手渡した。

文書には、「私の当日の行動は完全なアリバイがあり疑われるものはない　今回の事件は全く関係ない　身に覚えのない私が疑われた」「誤った見込み捜査で、人権が侵害されている」などと書かれている。

記事から一年が経った一九九三年九月には、自宅近くに立っていた捜査員二人に庭作業用の刈り込みバサミで切りつけ、傷害と銃刀法違反容疑で現行犯逮捕される事件も起こしている（略式命令で釈放）。

この事件の捜査の際、警察は久間から二女児殺害事件についての供述を引き出そうと試みたが、手がかりは得られずに終わっている。

警察と久間の、神経戦のような時間が続いていた。

4 捜査一課長交代

事件から二年が経った一九九四年三月八日、福岡県警で定期人事異動の内示が行われた。

中野忠刑事部長が勇退し、近藤光信総務部長が刑事部長に就任。捜査第一課の梅野富雄課長は小倉南署長に転出し、後任に山方泰輔《やまがたたいすけ》鑑識課長が充てられた。

ちょうどこのころ、捜査一課はある重大事件の捜査に忙殺《ぼうさつ》されていた。

人事が内示される五日前の三月三日、熊本県内のパーキングエリアのゴミ集積場から、人間の左腕部が発見されたのである。さらにコインロッカーなどから次々に遺体の一部が発見され、被害者は福岡中心部・天神の美容院「びびっと」で二〇〇〇人もの顧客を抱えていた三〇歳の人気美容師・岩崎真由美さんと判明した。

その後捜査は急進展し、三月一五日早朝、岩崎さんと同じ美容院の同僚で経理を担当していた江田文子を連行して事情聴取し、同日夜死体遺棄容疑で逮捕した。

奇しくもこの日は近藤刑事部長、山方捜査一課長の就任日で、二人は午前中に辞令を受け取り、同日夜一〇時五〇分、そろって記者会見に出席している。就任当日の初仕事が、殺人事件の犯人逮捕の報告という激動の一日となった。

逮捕された江田は死体遺棄については認めたものの、被害者が亡くなったのは揉みあった末の正当防衛だったと殺意を否認した。

山方一課長率いる捜査一課は四月五日に殺人容疑で江田を再逮捕、同二六日に起訴し、公判で一六年の懲役が確定した。判決では不倫関係にあった交際男性と岩崎さんとの関係を邪推した結果の犯行だったとされている。

実は、この事件の捜査でもDNA型鑑定の手法が用いられていた。

江田の持っていたバッグに残った血痕と、被害者の血液が同じものかどうか、捜査本部は福岡県警の科捜研に鑑定を依頼しているのである。

さらに同時期、三月一八日には、福岡地裁小倉支部で強姦致傷罪などに問われた被告の公判で、DNA型鑑定の証拠能力を採用する判決が言い渡されている。DNA型鑑定を有罪の証拠とした例は全国でまだ数件しかなかったが、警察の新たな武器となりつつあった。


初戦の美容師バラバラ殺人事件を解決に導いた近藤部長、山方一課長には、発生から二年以上が経過していた飯塚事件解決への期待が寄せられていた。

宮崎元記者

当時福岡県警で、まさに親分肌の近藤刑事部長と、山方一課長という体制になって、これはいくんじゃないかと。まさに福岡県警の保守本流の二人が刑事部長と捜査一課長で揃ったんで、これはいくぞ、という期待値はボクのなかでは高まりましたけどね。

就任後すぐに飯塚事件の捜査本部が置かれている飯塚署に赴いた山方一課長は、全署員を署内の柔道場に集めた。そして、

「オレは飯塚事件の解決はしないと宣言するためにここに来た」

と伝えている。その後特捜班だけを集め、早期解決のための作戦を練ったという。マスコミに警察の動きが漏れないよう、極秘に捜査を進めるための作戦だった。

捜査一課で当時飯塚事件の捜査にあたった面々は、いまも山方を慕う。

元福岡県警捜査一課管理官　中島豊志

もうこの事件は、福岡であった事件は、絶対我々で解決するんだと。それが最初か

ら最後まで続きました。熱意というのが。あーやっぱり福岡県警の捜査員というのはやっぱりすごいなと。こういうところで仕事ができてね、オレも幸せ者だなと。そういう気持ちを持ちながら、仕事をやっていきました。

あのやっぱり山方課長の指揮がね、良かったと思いますよ。

元福岡県警捜査一課検視管理課付　西山將人

（多くの人は）失敗するようなことに手を出したがらない。彼は逆です。すごいなあと思うね。こんな難しい事件手をつけて大丈夫なのかって。うん。

元福岡県警　山方泰輔捜査一課長

こういう再審請求あった事件は、きわどい事件だというふうにやっぱり報道とかも見とるとやから、私は、自分のしたことを正直に話して知ってもらうのが、私は警察のためになると。いうふうに私は辞めてからそういう考えに変えましたですね。

いわゆる警察は難しい事件あたりもやっぱ真剣に取り組んどうとやなということを、まあ、常識ある人あたりはそう判断してくれるんじゃないかと私は思うとるですね。

元福岡県警捜査一課・山方泰輔課長

山方捜査一課長を囲む会

私は早く辞めるために無理な捜査をするというのが私の持論よ。だからあなたの言う通り刑務所の塀の上を歩いてね、内側に落ちちゃいかん、外側に落ちるというようなね。違法捜査じゃない。ギリギリのところをね。自分でやって犯人に到達するという手法を自分はそれ以外は面白ないということはないけど、早く卒業することはでけんなと。いうことでですね。

結局辞めたいがために無理をしたというのが私の本音です。誰にも話したことはないですけど。

膠着した捜査を打開するため、山方がまず手をつけたのは、DNA型鑑定の信頼性を回復することだった。いわば原点に還ったのである。

警察庁科学警察研究所の鑑定では現場から採取された検体と久間のDNA型が一致し、その精度は「一〇〇万人に一人程度」とされていた。

しかし、実はその後、科警研の鑑定で残った試料をDNA型鑑定の先駆者の帝京大学・石山昱夫教授の研究室で再鑑定してもらったところ、科警研とは真反対の結果が出ていた。

元帝京大学医学部講師　吉井富夫（一九九二年NHKによる取材）

向こうの警察がやった結果とは違うよ。向こうが言っている結果とは違うよね。こっちには、久間さんのDNAの混入はないという結果だよね。

石山教授の研究室で採用していたのは科警研のMCT118型ではなく、ミトコンドリア法という別の鑑定方法で、それによると久間は犯人ではありえない、というのだ。石山教授は日本ではじめてDNA型鑑定を犯罪捜査に応用した権威で、それまでに二〇〇件以上の鑑定を行った実績があった。

「久間三千年立件」に向けた捜査を続ける福岡県警にとって、科警研の鑑定と石山研究室の鑑定結果がまったく逆の結論になったことは大きな障害となっていた。

DNA型鑑定を証拠として使えるかどうかが、捜査の大きな焦点になっていたのである。

県警の期待を背に捜査一課長に就任した山方は、まず、石山教授に直接電話を入れた。

山方元捜査一課長

石山さんが鑑定でけんような、わずかなもの（分量の試料）しか回しとらんとやない

帝京大学医学部法医学研究室・石山昱夫教授

かて。科警研が使いすぎてしもうたんじゃないかと。その物件をですね。そういうような感じやったからですね。

少なかったということを知っとっと。私は。鑑識課長をしとったから。だから、「先生、ウチが出した物件が良うなかったでしょう」ち。

——反応は？

「鑑定試料として照合できないようなもんやったんやないですか」と。こういう感じやったですよ。

それから私がまた追い打ちかけて、「なら、合わんとやなくて合わせられんやったんですね」ち。最後はそういうようになったと思う。そしたらその通りとなったからですね。それで私はこれでいけるとこう思ったですね。

「試料の量が少なすぎて、十分な鑑定ができなかったのでしょう？」と問う山方一課長に、石山教授は同意したという。

実際のところ、鑑定に回された検体の分量はどうだったのか。

裁判資料によると、警察庁の科警研が鑑定した検体試料は、いずれも脱脂綿に浸した液体の状態で、脱脂綿は大きいもので一・八センチ×二・四センチ、小さいもので〇・六センチ×一・二センチの大きさがあり、その全体が赤く染まるだけの分量の液体を吸着していた。

ところが科警研でかなりの程度まで試料を費消してしまったため、帝京大学の石山教授による鑑定の段階で、試料は「ごく少量の綿をつまみ取って縒《よ》ったようなものに、かすかに色がついているかどうか」という程度になっていた。

のちの福岡地方裁判所判決では、「(検体試料の分量が少なく) 石山鑑定の段階では既にこれらの資料には犯人のDNAが存在しなかった可能性も十分に考えられる」としている。また、石山研究室のミトコンドリアを使ったDNA型の鑑定は第三者が検体にわずかに触れて手あかが付いただけでも、そのDNA型が検出されてしまう可能性があるほど鋭敏で繊細な方法だった。そのため判決では「採取した物の製造過程で人のDNAが混入した可能性や資料採取時に採取者等のDNAが混入した可能性も否定できない」とも指摘している。

DNA型鑑定の国内最高の権威である石山教授の研究室が、「別人」と判定していたことが足かせとなり、福岡地検が逮捕に同意しない理由のひとつになっていたが、その最大の障害はこうして崩れた。

さらに山方一課長は、亡くなった二人の女児の衣服に付着していたごく小さな繊維片に着目した。

前述したように久間は事件半年後の九月末、所有していたマツダのステーションワゴン「ウエストコースト」を売却したが、捜査本部はこの車を入手し、細部にわたって細かく調べていた。

この車種の後部座席は二列になり、最大六人が乗車可能で、シートにも同じ車種のほかのグレードとは違う特別なものが使用されていた。

山方一課長率いる福岡県警捜査一課は、女児の衣服に付着していた繊維片と、このシートの繊維の材質を徹底的に比較したのである。


遺体は二人の父親が身元確認したあと、司法解剖のため一九九二年二月二一日午後一〇時三五分に九州大学医学部法医学教室に届けられている。

このとき、二人の女児の着衣は福岡県警甘木警察署の警察官が受け取り、個別にビニール袋に入れて福岡県警刑事部鑑識課の警察官に手渡していた。

着衣、手袋に付着する微物を採取する作業は、翌二二日の早朝から行われた。

県警鑑識課の写真室では、微物採取用の粘着シート（リタックシート）を使い、二人の着衣から付着物を採取。科学捜査研究所に送り、鑑定を依頼している。

同様に甘木署でも、リタックシートを用いて手袋から微物を採取した。こうして採取された微物は福岡県警の科学捜査研究所に送り、鑑定を依頼した。

福岡県警は久間が手放したマツダ・ステーションワゴンを販売店から入手すると、助手席の繊維、運転席のフロアマットとフロントマット、間仕切り部のフロアマット、後部のフロアマットの繊維を切り取り、二月に採取していた二人の女児の着衣に付着する微物と同じものがないかどうか、一〇月一五日に科捜研に鑑定を依頼した。半年以上にわたって動きがなかった「着衣の微物」という証拠が、こうして意味を持ちはじめる。

ステーションワゴンのフロアマット、フロントマットから切り取った繊維片の繊維一本一本はかなり太く、一見したところ、着衣から採取した微物と同じと思われるものはなかった。

しかし、助手席から切り取られた繊維片は直径が約〇・〇一五ミリのナイロン製で、女児の着衣から採取された微物のなかには、それと同様の直径〇・〇一五ミリのナイロン繊維が少なくとも一三本あることが分かったのである。

事件発生から二年近くが経った一九九四年一月になって、福岡県警の科捜研はより詳しい鑑定を行うため、これらの繊維片を警察庁の科学警察研究所に送り、同じ繊維が使われているのかどうかの鑑定を依頼した。

科警研では一月二七日から四月一一日にかけて材質や色素の鑑定を行った。顕微分光光度計や赤外吸収スペクトルの測定により、女児の着衣から採取された繊維と久間の車のシートの繊維がいずれもナイロン6という素材であることが判明したものの、女児の着衣と車のシートの繊維が「同一」とまでは言えず、「極めて類似」という鑑定にとどまった。

シートの製造過程を追っていた捜査一課特捜班の小山勝は、岐阜県にあるナイロン6の染色工場にたどり着く。

そして、どうすれば両方の繊維が「同一」と証明できるかと尋ねた。

小山元刑事
染色の配合を分析できたらどうか、と聞いたら、指紋と一緒ですよという説明を受けたんですね。これをきっちりと分析できたら。本当わずかな繊維ですけど、それでも分かりますと。そのときは飛び上がるほどだったですね。それをなんとか分析したいと思いました。

「染色の配合鑑定ができないか」――小山は九州大学や北九州の化学工場など様々な研究

機関を探し歩いていた。やっと見つかったのが、滋賀県にある東レ傘下の東レリサーチセンターだった。

小山は明太子を持って会社に出向き、「これで犯人に行き着かんやったら、また同じような悲惨な事件が起きる。何とか協力してくれ」と口説いたという。

一九九四年五月二〇日、東レリサーチセンターは両方の繊維片の原糸と染料、その配合比を分析し、「同一としてまったく矛盾がない」と鑑定した。

小山元刑事

分析した結果一致したんですね。ウエストコーストのシートの繊維と色も。嬉しかったですね。彼女らの怨念ですよ。メッセージですよ。犯人ですよということを訴えてくれたんだと思うんですけどね。

繊維鑑定は、逮捕に向けた大きな材料のひとつとされた。

山方課長率いる捜査一課は、これによって四つの証拠の柱を立てた。

八丁峠の目撃証言、DNA型鑑定、車の後部座席に残っていた血痕、そして繊維鑑定の四つである。

傍示元サブキャップ

山方さんとか近藤さんが言っていたのは、とにかくやれることは全部やったと。でもう、俺たちとしては久間三千年しかいないという確信を持ってね。彼の逮捕に踏み切るみたいなことをね、当時固有名詞を出してのやり取りではないですけど、彼しかいないというところまで俺たちは捜査をつぶしてきたと。

本当にこの証拠でなんとかなるんですかという話をしたときに、いや、あの一本一本は弱いと。DNAも含めてね。一つひとつの証拠はきわめて弱いと。

〈DNA型鑑定、八丁峠の目撃証言、車内の血痕、繊維鑑定〉

これを四つ積み重ねたことによって、我々は確信を持っているということですね。そこは相当自信を持ってらっしゃったなという印象はありますけどね。もうひとつ仰ったのは、警察の仕事っていうのは犯罪を摘発することだけではなくて犯罪を未然に防ぐこともそれは警察の仕事なんだと。

やっぱりね、また類似事犯を起こす可能性がある人間っていうのを勾留するというのも重要な仕事なんだと。それはまさに、久間三千年という重要参考人は、過去にそういう事件を起こしてきたと思っていたわけですよね。だから、その前に起きていたアイコちゃん事件というのも、完全に捜査本部は久間三千年の犯行だという見立てをしていましたからですね。

山方が捜査一課長に就任してわずか半年の間に、飯塚事件の捜査は急展開していた。ある捜査幹部は未解決事件を特集した地元ラジオ局の番組に出演し、「状況から、（飯塚事件の）犯人は被害者の近くに住んでいる者と思われます。人の心があるならば（自ら）出てきてほしい。そうでなくとも、近々迎えにいく」とまで話していた。

このころ、西日本新聞の敏腕記者・宮崎昌治は、県警がいよいよ久間逮捕に踏み切るというきわめて確度の高い情報を独自に入手していた。

宮崎元記者
繊維鑑定の結果が返って来てたので、秋分の日がXデーじゃないかということで、原稿全部仕上げて、すべて仕上げて、あとはいろんなところに当たって確度を高めていくという作業をやったんですね。

私のなかで確証を持てる情報が来たので、打ちましょうと。

――その状況をもう少し詳しく

うーんボクはそれは墓場まで持っていく話なんで。ただ、間違いないと。明日やるという情報を得ましたので、すぐ電話して、行きましょうと。打ちましょうと。分かったと。いうことで。

ただ、逮捕へとあえて書かずに、「新証拠裏付け終わる」という見出しにしたんですね。

〈新証拠裏付け終わる　車のシート繊維が女児服に付着　4種類で一致〉

〈福岡県警捜査一課と飯塚署の捜査本部は二十二日までに、捜査線上に上がっていた福岡県内に住む五十代の男性が事件当時所有していた車のシートの四種類の繊維が、二人の女児の衣服に付着していた繊維と一致するとの鑑定結果を得た。捜査本部は、事件解明に結び付く有力な物証とみて、福岡地検と大詰めの協議に入った〉

〈二人の女児が当時着ていた衣服から、家族や親類など女児が普段接触していた人の衣服とは、まったく異なる四種類の繊維を新たに検出。この繊維を細かく鑑定した結果、男性が事件当時所有していた車のシートに使われていた四種類の繊維と一致したという。

(中略)

捜査本部は、この男性が当時所有していたワンボックス車を確保して捜査を継続。今

年に入って再度、車内や女児の遺品を調べ直し細かい鑑定を行っていた〉
（一九九四年九月二三日付西日本新聞朝刊一面）

記事では、甘木市の遺体発見現場での目撃証言、DNA型鑑定の一致にも触れ、警察が「四つの柱」としたうちの三つを並べて、久間の容疑が濃厚であることを印象づけている。

記事が掲載された九月二三日、秋分の日は朝から蒸し暑く、夏の気配を残す陽気だった。

早朝、捜査の急展開を報じる西日本新聞が祝日の各戸に配られるころ、久間の自宅を約二〇人の福岡県警の捜査員が取り囲んでいた。

5 逮捕

久間の自宅は、飯塚市内の丘陵地帯にある住宅街の一角にある。

緩やかな坂道に沿って並ぶ各戸は瓦屋根に白壁の日本家屋を中心とした落ち着いた佇まいで、長く住みつづける人が多い一帯であることを感じさせる。それぞれの家の庭からは緑がこぼれ、一家に一台から二台の駐車スペースを備える。

久間の逮捕日は、九月二三日の祝日と設定された。

捜査本部はこの日に向けて、不測の事態を避けるため、二十四時間態勢で久間の行動を監視していた。

祝日の早朝六時一〇分、捜査員の一人が久間宅の玄関ベルを押したとき、久間は妻、息子とともに家の中にいた。

元福岡県警捜査一課特捜班　飯野和明

——逮捕の現場には？

行きました。もうドキドキやったですね。捕まえてこないといかんちゃけえですね。玄関から、捜査一課の人たちが入っていって、たぶん、そこんとこのあれは、私はあとから入っていったけんですね、たぶんもう久間は立ってましたもんね。

まあ、久間の顔は知っとうし、もう行確（行動確認）もしよったけんですね、おとなしかったです。やっぱ、家族がおるけんですね、たぶんギャーギャーは（騒がなかった）。おとなしかったです。素直に応じましたよ。

久間三千年の妻

——その日のことは？

朝は寝てたんですよ。二階に。家族で寝てて、それでピンポンと鳴るから下におりていったら警察がですね、逮捕令状を持ってきて、逮捕して連れていったんですよ。そして、家の中をずっとなんかもう調べ回ってですね、だから子どもはちょっと置いとけないかなと思って、私が担任の先生か誰かにお願いして預かってもらった記憶はありますけれどもね。

——久間からはどんな言葉を？

ああ、動くなと。私に動くなと言って行ったんですよ。ちょっと自分のなかで、頭のなかでそれがグルグルグルグル回ってました。

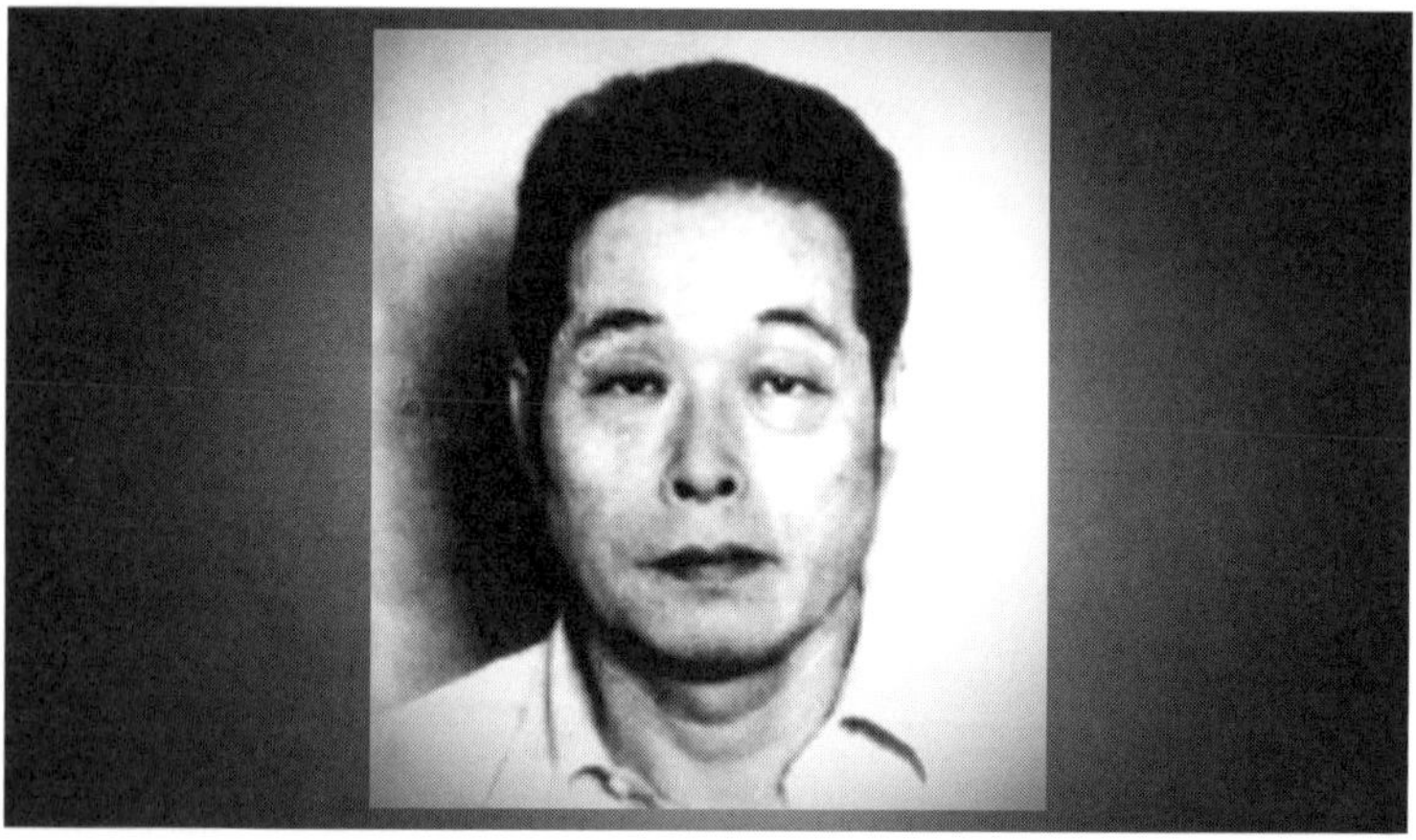

逮捕された久間三千年

この日朝のＮＨＫニュースが、久間の逮捕を速報した。

「久間三千年容疑者は、事件の早い段階から捜査線上に浮かんでいました。死体遺棄で久間容疑者が逮捕され、事件は急展開しました。警察は今回の逮捕をきっかけに、事件の全容解明に向けて動きはじめました」

逮捕への突破口になった「新証拠」、それが車のシートの繊維鑑定だった。

この鑑定を勝ち取るまでに、福岡県警の捜査本部は、県警の科学捜査研究所、警察庁の科学警察研究所だけでなく、民間企業の東レリサーチセンターなどに依頼し、鑑定結果を積み重ねた。

自宅で逮捕状を執行された久間は、詰めかけた報道陣のカメラから顔を隠すためかサングラスをかけていた。そのまま半袖シャツ姿で警察車両に乗せられ、連行された。

捜査員たちは家の中を隈《くま》なく調べたあと、多数の捜査員がスコップなどを持ち込み、南側の庭を掘り返しはじめた。

久間三千年の妻

裏の庭を全部掘り起こされてですね。なんでか分からないけど掘り起こされて、あとがきれいになっていないんです。そこ水が溜まるんですね。掘り起こされているのが、テレビでも映像流れたりしたんですけれども。なんのために掘り起こしたのかなと思ってですね。

飯野元刑事

――あれは何をしていた？

アイコちゃんです。二年前、おらんようになった。

――それを探して？

（うなずく）

山方元捜査一課長

私は、庭に埋めとると思ったんですよ。アイコちゃんを。毎日ですよ。朝起きてきてから庭をうろうろするんですよち（と聞いている）。それを、埋めとるから心配になっとるやろう思うたけんね。私は、前の日から重機まで（準備）してから、掘り返してもうた。庭。

――そういう腹積もりが最初からあった？

元福岡県警捜査一課特捜班・飯野和明刑事

そう。
――なんとか、解決したい、と？
そう。

しかし、一九八八年に失踪していたアイコちゃんの遺骨が、久間の家の庭から見つかるはず、という山方の予想は外れた。

さほど広くない庭に重機を入れ、掘り返す作業は翌二四日も続けられたが、庭からは何も発見されなかった。掘った土砂はいったんビニール袋に入れ、ふるいにかけて人骨らしきものが見つからないか丁寧に確認したが、それらしきものは見当たらなかった。

逮捕翌日の西日本新聞は以下のように書いている。

〈捜査当局は「容疑否認でも起訴できるだけの物証を」という検察庁の指示を受け、DNA鑑定、血液型、そして繊維の一致という三つの物証を重ね死体遺棄容疑での逮捕に踏み切った。しかし、本件の殺人容疑に結び付く直接証拠には乏しく、容疑者の死体遺棄容疑の認否が最大のポイントになる〉

つまり、久間が自供するか否かにかかっているという見方である。

久間の身柄は県警本部の留置場に移され、そこで勾留された。

飯野元刑事

私はそこに、取り調べの状況を、そばで、見たり聞いたりしていました。やっぱ久間と福田係長は顔を何回か接触しとうけん、話もしとうやないですか。それで、あんたしかおらんばいちゅうげな、ここまできとっちゃけんちゅうげなことですよ。雑談にも応じてですね、良かったんですよ。雰囲気が。私はそう思ってました。これはいけるかなちゅうげな感じでですね。

そしたら、ここのところ私ようと分からんとですよね。大事な話は、「飯野、ちょっと出とけ」と。二人だけの話とか、やっぱあるんですよ。

逮捕容疑は死体遺棄だったが、二女児を手にかけた殺人容疑でも逮捕することが予定されていた。そのためには、逮捕勾留期間中に、久間の自供が是が非でも欲しかった。

福田係長を久間の取り調べ担当としたのは、ある程度気心の知れた捜査員であれば久間も話がしやすく、自供を得やすいと考えたためである。福田係長は事件発生直後から久間の担当となり、逮捕に至るまで二年の間に何度か久間の自宅を訪れて面識ができていた。飯野は副取調官として、そのサポート役に回っていた。

逮捕直後、久間は事件について「私は知りません」と否認していたが、しかし、取調室では雑談にも応じるなど、捜査当局は微妙な変化も感じ取っていたという。

山方元捜査一課長
奥さんの妹が横浜におるとやったかな。だから、「横浜に家内を移転させてください」と。「子どもと一緒に」という話がきたけん、あ、これはもうすぐうたう（自供する）なと。やけん、家内が行くちゅう、こう言わせないかんわけな。だから、加藤弁護士を通じて、特別面会許可をとって、奥さんを連れて会いに行ったわけ。
――これは山方さんの仕切りで？
そうそうそう。

逮捕され、勾留されている被疑者が容疑事実を否認している場合、警察当局によって「接見禁止」の措置がとられることがほとんどで、家族や関係者との面会が認められることはまずない。
しかし、久間のケースでは山方一課長の指示であえて妻との面会の機会を設定した。それによって久間が自供に傾くだろうと予想していたからだ。

久間三千年の妻

加藤弁護士さん、一度相談に行ったことのある、加藤弁護士さんから電話かかったんですよ。そして、なんだろうかと思ったら、警察から「離婚のことでなら会えますよ」と言われた（と言う）んですね。ええ、離婚の話し合いなら面会できますよと言われたんですね。

「いえ、私はそんなこと、警察には頼んでません」と。頼むのであれば、直接頼むじゃないですか。だけど警察には頼んでないですよと。だけど、主人がそう言ったのかどうか私には分かりませんて。だから「会う機会を作ってください」と言ってですね。それがはじめて会ったときなんですよ。

それで、「今日来たのはね、離婚について話し合いをしたいからちゅうことで会わせてほしいちゅうことだったので来たんだけども、私はそんなこと警察には言ってないけどお父さん頼んだの」って聞いたんですよ。そしたら、「いや自分も頼んじょらん」ち、言うわけですよ。それもおかしいでしょ。

私たちが家を離れて主人から離れれば、もう家族もあんたのことを諦めたばいとかみたいな形で、持っていくんやったのかなと思ったりですね。でもそれも分かりません。

しかし、捜査当局の狙いは裏目に出た。

妻と会ったあと、久間の態度が一変したのだ。

飯野元刑事

面会が終わるじゃないですか。そしたらもう、貝のようになったんですよ。もう口をつぐんでしまいました。もう雑談にも応じません。はい。

――まるっきり変わった？

変わったです。不思議というか、心を決めたんでしょうね。

――心を決めた？

でしょう。

――どんなふうに？

いやもうとにかく、自分じゃないと。俺じゃないと。

久間は旧知の福田係長との雑談にさえ応じないようになった。二〇日間の勾留期間中に自供を得られないまま、捜査本部は一〇月一四日、久間を殺人容疑で再逮捕し、死体遺棄罪で起訴した。

期待していた自供は得られなかったが、これまでに積み上げてきた「物証」で公判維持ができると考えたのである。

しかし、再逮捕後も、久間の取り調べは行き詰まっていた。否認を続ける久間を、DNA型鑑定や繊維鑑定などの「弱い証拠」を積み重ねて起訴には持ち込んだが、これで盤石《ばんじゃく》かどうかは分からない。

山方一課長は、もうひとつの科学捜査の手法をとることを選択した。

嘘発見器＝ポリグラフ検査である。それによって、一九八八年に行方不明になったアイコちゃん事件についてなんらかの反応を得ることに的を絞った。

元大阪府警科学捜査研究所所長　荒砂正名《あらすなまさな》

ポリグラフというのは、いろいろな、生理的な変化を見るんですけれども、ウソをついたりすると、バレやせんかなと思うと胸ドキドキしたりするでしょう。あるいはその、顔色を見ているだけで、この人顔色変わったとか、自分で自主的にコントロールできないような、体の動きの変化を見ながら判断する機械だと。

――ポリグラフの信用度は？

よく裁判なんかで出廷しますとそういうこと訊かれるんですけども、通常はいい質問、いい材料があって、きちんとした検査ができれば、だいたい九〇ないし九五パーセントと。いうようなことを証言しています。

飯野元刑事

もし、それが、たとえばですよ。まあ飯塚の殺しはもう二人は間違いないいんだからですね、もうひとつ二年前の（アイコちゃん）とがひとつ、あれば、ポリグラフで、何人に反応しますか。相手は。三人ですよね。三人に反応したんですよ。

そしたら、先生が、ポリグラフの先生が、どんどんどんどん質問を（重ねて）、今度アイコちゃんがどこで棄てられたか。最初よう覚えていますよ。日本ですか？　いいえでしょ。福岡県ですか？　いいえでしょ。福岡市ですか？　いいえでしょ。筑豊地区ですか？　いいえでしょ。

筑豊地区で反応があったんです。またそれからずーと。で、最後北谷のあそこになったんですよ。

アイコちゃんの着衣が発見された現場

ポリグラフ検査は、回答の内容でなく、回答時の発汗などの徴候から犯罪事実についての知見の有無を鑑定する。検査の結果を受け、一九九四年一一月一一日の朝一〇時からアイコちゃんが住んでいた明星寺団地から西に一キロほど行った山の麓の捜索が行われた。県警の捜査員のほか、消防団員もあわせ約一二〇人が集められ、草刈り機やカマ、スコップなどを持ち、雑木林を横一列になって進んでいった。

現場には山方泰輔捜査一課長、永留慶造飯塚署長も姿を見せて直接指揮にあたり、現場上空には報道機関のヘリコプターがバラバラと音を立てて旋回していた。

消防団員に対しては、事前に警察から捜索範囲が詳細に指示されていたという。一九八八年のアイコちゃん失踪当時に大がかりな捜索をした範囲を線引きし、そこから新たに今回の捜索範囲を決定した、と警察は説明している。

動員された消防団員たちは、長時間の捜索になることを覚悟して弁当を持参していたが、意外にも捜索開始からわずか二五分後の一〇時二五分、大きな動きがあった。

車一台が通れるほどの狭い林道の下数メートルの場所で、子ども用の赤いジャンパーと、赤地に白い横縞の入ったトレーナーが発見されたのである。

失踪時にアイコちゃんが着ていたのは、赤いジャンパーと縞のトレーナーだった。同日一七時二〇分、母親が着衣はアイコちゃんのものであることを確認した。

宮崎元記者
五年も六年も、雨風にさらされているような状態ではなかった、と。おかしいなと思いましたけどね。なんでそんな服いまごろ出てくると？　という。

――散々捜索して？

なによりも、五年も六年も前に仮に遺棄されたとしてですよ、そんなきれいな状態で服が見つかるわけがないんで。

――警察が自分たちの手で置くなどということがある？

分かりませんよそれは。全然。そんなことしないと信じていますけどね。


〈近くに山林がいくつもあり、現場の雑木林も数キロ四方にわたる広さにもかかわらず「捜査員が来てすぐロープが張られた」（現場近くの作業員）と、当初から狙いを定めていたような捜査員の動き。

しかも、発見された衣服が「とても六年前に捨てられたとは思えないほど傷みは少なかった」（関係者）ことと合わせてみれば、県警が何らかの根拠を持って、この日、この場所で捜索したとみるのが自然だ。

失踪当時アイコちゃんが着ていた服

アイコちゃん失踪当時の捜索の様子

しかし、県警側は捜索の背景などは一切説明せず、記者会見で「飯塚二女児殺害事件と類似点が多い」などと、同じ校区内で起きた飯塚二女児殺害事件との関連をにじませた。

永留慶造・飯塚署長は、数キロにわたって広がる雑木林の中からわずか二十五分で衣服を発見したことについて「若干の捜査情報に基づいた判断もある。その情報は明らかにできない」と述べた。

県警は、ズボンや靴などが未発見であるにもかかわらず、十二日の捜索は行わない方針だという〉

（一九九四年一一月一二日付西日本新聞朝刊）

見つかった衣類はいつ、この場所に置かれたのか。

西日本新聞によると、近所の主婦が二年ほど前に現場付近を見た際はジャンパーとトレーナーがあることに気がつかなかったという。

ジャンパーとトレーナーは福岡県警の科学捜査研究所に送られ、鑑定されることになった。

「着衣発見」についての証言は、決定的に食い違っている。

山方元捜査一課長

アイコちゃんの衣服を発見して出てきて、奥さんがたったひと口言った。「あーやっぱお父さん（久間）やったですか」というような言い方をしたっちゅうけんね。飯塚署の調べ室の机の上に全部並べたんです、衣類を。一発でこれは（アイコちゃんの）衣類ちゅうの分かったと言って、本人は。

お父さんをポリグラフかけて、それに基づいて探したらこれが出てきたちゅうたら、「あーやっぱそうやったですか」ちゅうとは、やっぱ（犯人は）お父さんやったですばいね、ち。私自身はそう感じたですよ。

久間三千年の妻

——服を見せられた？

それはないです。見てないです。後から聞いた話では新しかったとかいう話だけれども、（探しに）出て三〇分くらいで見つかったっていうから、消防団の人が、三〇分くらいで見つかるわけあるかよという話はしていたらしいんですけれども、それが見つかったかどうかというのは、私には分からないんですよ。それが本当のことなのかあれなのかというのは私もずっと疑問視してるもんでね。それがほんと（夫が）自分に見せてくれないのが見つかったと言って（見せて）くれれば分かるけれども、そんなのもないし、ただ警察が言うだけのことで。
だからほんとに、具体的な証拠というのがなんにもいままで見せてもらっていないんですよ。

アイコちゃんの衣類が見つかっても、久間の否認を翻意させることにはつながらなかった。二度の逮捕を経て、勾留延長を繰り返し、福岡県警での取り調べは六六日間に及んだが、その間、久間の否認は揺らいでいない。
しかし警察は、自らの「正義」を貫いた。

飯野元刑事
結局、ひとつでも違かったら、久間は犯人じゃありませんよ。それが針の点々の点が、それをひとつひとつ読みほどいていったら、ひとつのこう、線になりましたから、まさに、本人に結びつきます。ほかの人に結びつきません。ひょっとしたら、違うじゃろ別人、こういうのがなかったですね。はい。
――取り調べの間で一瞬でも白かもというのは？

ないです。はい。一〇〇パーセント、一二〇パーセント、もういまは一〇〇パーセントが限度やけんですね、もう犯人に間違いありません。

山方元捜査一課長
私たちはね、長く刑事をしよったもんはですね、犯人を捕まえるちゅうとが第一目的やけど、間違ったやつを捕まえてはいかんというのがすべての裏にあるわけですよ。だから私が逮捕しとって間違っとったらパッと釈放しないといかん。やっぱ逮捕状請求ちゅうたら犯人がその事件を敢行したであろうという相当な理由がなからんと逮捕状は出ないわけですね。
だからああいうように死刑になるような事件を捜査するときはですね、常にやっぱり、冤罪をつくらんようなこともですね、頭の隅にいつもおいて、私はしとったつもりですね。

一九九四年一一月五日、福岡地検は殺人、略取誘拐の罪で久間を追起訴した。
柱となる「証拠」は目撃証言、ＤＮＡ型鑑定、後部座席の血痕、繊維鑑定の四つで、久間は一貫して否認を貫いたままであった。

6 死刑判決

一九九五年二月二〇日、奇しくも事件発生からちょうど三年、二人の女児の命日にあたるこの日に、福岡地方裁判所で初公判が開かれた。

福岡地裁でもっとも広い301号法廷が用意され、約五〇人の一般傍聴希望者が早朝から列をつくった。

女児の両親ら被害者遺族、報道関係者らでほぼ満席となった法廷に、被告となった久間が姿を現した。白いワイシャツの上に黒いスーツを着て、メガネをかけ、ややうつむき加減に入廷した。久間は五七歳になっていた。

「被告人は前へ」という裁判長の声に促され、久間が被告席に立つと、公判担当の検察官による起訴状読み上げが始まった。一九九二年二月二〇日、久間が登校中の女児二人を誘拐し、殺害して八丁峠の道路下に捨てたとするものである。

起訴状読み上げが終わり、被告人に対して裁判官が「起訴状の内容で間違っているところはありますか」と訊く罪状認否に移る。

「私は、絶対にそのようなことをしたことはありません。まったく身に覚えのないことです」
久間はそう強く否定し、つづく弁護人意見陳述でも「起訴状では犯行の動機や目的がまったく不明で、結論も曖昧《あいまい》だ」と述べてDNA型鑑定などの証拠採用を不同意とした。

この日午後、三年前の事件現場周辺は冷たい雨が落ち、ひっそりと静まりかえっていた。事件以来、潤野小学校では数人のグループを組んで移動する集団登下校が続いていた。

午後には潤野小学校の元校長が二人の被害者遺族の自宅を訪れ、夕方には飯塚署の永留署長が初公判の報告のため遺族のもとを訪ねた。

飯塚署ではこの日、捜査本部を解散した。

事件発生からの三年間で延べ一五万人以上の捜査員を動員してきたが、久間被告の初公判で役目を終えたとして解散を決めた。

裁判での争点はまず、福岡県警の科捜研によるDNA型鑑定の妥当性である。続いて委嘱された帝京大学の石山昱夫研究室では久間のDNAの混入がないと鑑定された。

しかし、一九九四年に山方捜査一課長からの電話によって、石山教授は「DNAの鑑定試料が劣悪だったため鑑定ができなかった可能性がある」とそれまでの主張を警察寄りの内容に変えた。

裁判に入ると石山教授は再び主張を翻す。

一九九七年三月五日の公判では石山教授自身が出廷し、「私の鑑定は見事に整合した」と述べたのだ。さらに、ＭＣＴ１１８法で行われた科警研のＤＮＡ型鑑定も批判した。

「鑑定方法がずさんで技術が低い。やり直しを命じたいほどです」

というのである。

さらに事件当日の朝、久間にはアリバイが成立していると弁護側は主張した。久間はこの日、朝七時五五分頃に車で家を出て、消防署に勤める妻を職場まで送ったあと、その足で県内の山田市に住む実母のもとに米を届けたと主張している。その後、飯塚市の自宅に戻る途中にパチンコ店に立ち寄り、一〇時二〇分から午後〇時半ころまでパチンコに興じて、午後一時くらいに自宅に戻ったという。

この通りであれば、午前一一時ころに八丁峠で目撃されたという紺色ワゴン車と中年男性は久間ではあり得ないことになる。

また、久間の車から見つかった血痕や尿、車のシートと遺体の衣服から採取された繊維片の異同についても細かく検討が行われた。

捜査本部が立件の支えとした四本の柱の一つひとつについて公判で検討が加えられていった。

検察と弁護側の主張が真っ向から食い違うなかで裁判は長期化し、公判の数は五〇回に及んだ。

判決公判が開かれたのは初公判から実に四年半が経った一九九九年九月二九日である。裁判長は初公判のときと変わらず、陶山《すやま》博生《ひろお》判事だった。

西日本新聞の宮崎記者は飯塚事件の動きを追うように捜査一課担当から司法担当へと配属替えとなり、法廷での争いを取材しつづけた。

地裁判決のころは、政治問題などに幅を広げることを期待されて東京報道部に異動になっていたが、飯塚事件が頭を離れることはなかった。

宮崎元記者

ボク当時東京に転勤していまして、明日が判決だという日に、いまの社長が、当時まだ現場の記者で東京にいまして、ちょっとこう、緊張してるから、一緒にメシを食いましょうといって、自宅に招いていただいて、社宅に。一緒に酒を飲んだ。「いよいよ明日やな」という。「ちょっと緊張します」という話をしましたね。

——それはどういう緊張感なんですか？

本当に死刑が出るだろうか。無罪かもしれないなという緊張感ですね。

陶山裁判長は、ときおりハンカチを使いながら三時間にわたって判決理由を述べ、最後に主文を読み上げた。

「被告人を死刑に処する」

久間は傍聴人席に背中を向け、被告人席の椅子に背中をつけて座っていた。

「本件において被告人と犯行との結び付きを証明する直接証明はせず、情況証拠によって証明することのできる個々の情況事実は、そのどれを検討してみても、単独では被告人を犯人と断定することができない」

陶山裁判長は、それぞれの証拠が決定的なものではないと率直に認めたうえで、八丁峠で目撃された車の特徴、女児の着衣から採取された繊維片、科警研の鑑定でDNA型が一致していたこと、アリバイが成立しないことなど個々の情況証拠をすべて照合して総合評価することで、「本件において被告人が犯人であることについては、合理的な疑いを超えて認定することができる」と断じた。

久間三千年の妻
ショックですよね。それでもまた、その次の道があると思ってるからね。それで終わりじゃないと思ってるから。だからまた闘いつづけるしかないのかなと思ってですね。ちょっと気の遠くなる話だなと思いますよね。
主人は、私を送った後におばあちゃんのところ、主人の母のところに米を持って行って、そして帰りにパチンコをして帰ったということなんですけれどもね。結局パチンコ屋さんにも行ってみましたけれどもね、あれが撮ってなかったんですよ。もう前のことだしね、録画というんですかね、そんなのはなかったので、調べようがなかったんですけれども、で結局おばあちゃんのところに行ったにしても、身内の証言はダメちゅうことでしょ。
――それで結局アリバイがないと
そうですそうです。

山方元捜査一課長
もう裁判所も、やっぱりぴしゃっと見るところは見とうとやなーと思ったですね。

誰も言うとらんけど、ああいう情況証拠を、ひとつひとつとったら大したことないところをね、全部合わせて直接証拠の分があると、判断してくれたから難しか死刑ちゅうのを私は、下してくれたというふうに思っていますね。

「被害児童の死体を下半身裸のまま、まるでごみと一緒に不要になった人形を捨てるかのごとく山中に投げ捨てて死体を冒瀆《ぼうとく》したものであり、きわめて冷酷残忍な犯行態様である」と裁判長が述べている間、久間本人の様子に変化は見られなかった。

判決言い渡しのあと、久間は傍聴席に目をやることなく、無表情で退出した。弁護団は即刻控訴している。

二年後の二〇〇一年一〇月一〇日、福岡高等裁判所で判決が言い渡され、控訴を棄却した。弁護団は上告、死刑判決の当否は最高裁判所で行われることになった。

宮崎元記者

たしか判決の前の日か前の前の日ぐらいに山方さんの家に訪ねていったと思いますけどね。それと、まあ、被告の自宅を訪ねて、ピンポン鳴らしたら息子さんが出てきて、ああそうかと。そうやそうやと。息子がいたんやと。
声がそっくりだったんで、あーこの子どういう人生歩んできているんだろうとその
とき思ったんですけど、まあ、もちろん取材は拒否、「母もいません」という感じ
で、「ああすみませんでした」と。

二〇〇六年九月八日、最高裁判所で判決の言い渡しが行われた。
〈上告趣意は、判例違反をいう点を含め、実質は事実誤認、単なる法令違反の主張であっ
て、刑訴法405条の上告理由に当たらない〉
裁判長裁判官の滝井繁男判事、ほかに津野修、今井功、中川了滋、古田佑紀の各判事が
全員一致で死刑を支持し、久間の死刑が確定した。
当時、海外赴任していた西日本新聞の傍示も裁判の行方を注視していた。

傍示元サブキャップ
ボクは北京にいました。中国総局長として。
本音はもう安堵したというかホッとしたというかですね。あの、まあ、我々も久間
三千年が犯人だという報道を一貫して続けてきて、ある意味リードしてきて、結果的

2006年９月８日、最高裁で判決が言い渡された

に死刑が確定したということで、すごく安堵したというかホッとしたというかね、良かったという思いが一番でしたね。

ただ、でも同時にあったのは、やっぱり当時の一審・二審判決のときから、どうにも腑に落ちないっていうかですね、本当にこれは久間三千年が犯人なのか、とちょっと疑問に感じるような審理、決定、証拠の採用がなされていたんで、もしかしたら違うんじゃないかという思いも、当時すでにちょっとありましたんでね。

でもやっぱり先立ったのは、安堵感ですね。


飯野元刑事　もう私も、いままで、そのあと何人も犯人捕まえてます。で、死刑にもさしたこともある事件もあるし無期懲役に行った人間もおるけど、そのたびに私訊くんですよ。お前がもし犯人じゃなかったらお前ならどげん訴えるかって。

――ほかの人は?

もう一日中おらび叫びますって。俺じゃないって。

――久間の場合はアリバイの主張は?

とにかくパチンコ屋とおふくろでしょう。私ならこれ死にものぐるいになって言います。ほんとにその時間にしとけば。パチンコしとけば。おふくろのところに米持って行っとけば。はい。誰か見た人。ね。探してくださいって。私だったら必死に訴えますね。

――そういう態度は？

なかったですね。

――真実はなんだと思いますか？

この事件で？　ジキルとハイドです。ふたつの人格を持っとる、久間三千年です。はい。

死刑確定からわずか二年後、飯塚を地盤とする麻生太郎氏が首相を務める政権で、法務大臣に就任していた麻生派の重鎮・森英介氏が久間の死刑執行を命じ、二〇〇八年一〇月二八日、収監されていた福岡拘置所で久間の死刑が執行された。

森法相は会見し、執行を命じた理由を説明している。

「非道な動機に基づき、被害者の尊い人命を奪った事案で、それぞれの被害者や、遺族の方々にとって痛恨極まりない事件であると思います。慎重な検討を加えたうえで、死刑の執行を命令した次第です」

久間は絞首台に上る直前まで、否認を貫き通していた。

久間三千年の妻

教誨師《きょうかいし》さんには、神父さんには「自分は違います」と言ってから何か一生懸命訴えていたみたいです。やってませんと言ってから訴えていたみたいですね。教誨師の方が、主人を、お父さんを誇りに思っていていいよって。お父さんは立派な人だからって言ってましたけどもね。絶対自分は違うと言っているから、お父さんを信じてあげなさいみたいなことを（息子に）言ってやりました。

——最後の最後まで自分は無実だと？

うん、うん。

福岡地裁での一審のときから久間の弁護をしてきた岩田務弁護士は、その日の朝に不吉な電話を受けていた。

岩田務弁護士

朝出てきたらね、東京のある新聞社から電話がありましたって、ちょっとイヤな感

久間家の仏壇

じですよね。気になってはいたから。

でまたその人から電話がかかってきて。その人はどこかで情報を摑んだんでしょうね。一般の発表より一時間くらい前に電話かかってきて。で、今朝執行されましたという話で。

わーってここにしゃがみ込むようにね。電話受けて、床にしゃがみ込むように。どうしようって。どうしたらいいんだろうどうしようって。


一方、捜査にあたった福岡県警の山方捜査一課長には、安堵感が広がっていた。

山方元捜査一課長

こげなとこをですね、死刑を死刑にせんで長くおいたらいかんと。こんなまったく犯行動機というか、被害者にまったく落ち度がないのをね、小学校一年のまあなにも分からない子をね、こんな無惨な殺し方をしたのはね、早く処理をせないかんと、私はわざと、自分自身考えとったですよ。

証拠が少なかったから早くしとかなあとで因縁つけられやせんかというような判決ではないと。こう、自分には私は言い聞かせた。

しかし久間の取り調べで自供を引き出せなかった飯野刑事は、早すぎる死刑に別の思いを抱いていた。

飯野元刑事

ほかの者が、ほかの死刑囚がまだなのに、久間早かったなちゅうげな、率直な気持ちですよ。それは思いました。

もうちょっと生きて、ひょっとしたら仏様のようになって、獄中からでも、なにか、言ってくれるんじゃないかとかですね。はい。

仏様になるかもしれないじゃないですか。

ジキルとハイドが、突然。

西日本新聞の傍示、宮崎は、突然飛び込んできた死刑執行の一報に衝撃を受けていた。これほど早く死刑が執行されるとは、まったく想像していなかったのである。

傍示元サブキャップ

あまりにも、最高裁の判決が確定してから二年くらいだったんで、あまりにも早すぎるんでですね、なんなんだこれはというね、なぜこんなに早いのかと感じたというのはありましたね。

宮崎元記者

どうやって連れ去ったか、どこで殺したか、動機は。動機につながるような久間死刑囚の性癖があったのかということを含めてですね、まったく分かっていないんですよ。いまも。彼に、死刑判決を書いた裁判官たちも。複数いますからね。一審、高裁、最高裁と。

傍示元サブキャップ

これで永遠に謎が謎のまま終わってしまうなと思いましたね。もう、結局この事件はこれで終わってしまうのかというね。だから、自分のなかに湧いてきていたそのなんというか矛盾というか、判決への不信とか疑問とかというのは結局払拭《ふっしょく》されないまま終わってしまうのかという大きな節目だなと感じたのは事実ですね。

しかし、この事件はこれで終わりというわけではなかった。

「まったく身に覚えのないことです」と言い切って死んだ久間の遺志を、弁護団が受け継いでいた。

7 DNA型鑑定

最高裁での死刑確定判決からわずか二年という、あまりに早すぎる死刑執行が、かえって多くの疑念を生むことになった。

この事件を時系列でたどると、捜査、検挙、公判、死刑執行がその時期の外的な要因に影響されているように見える。

飯塚事件の二年前、一九九〇年五月に発生した足利事件では、幼稚園バス運転手の菅家利和さんがDNA型鑑定などに基づいて翌一九九一年一二月に逮捕された。

容疑者とされた菅家さんは、捜査員の強要によっていったん犯行を「自供」させられている。つまり、自供によってDNA型鑑定の正しさを裏付けた形になっているのである。

この「戦果」の直後、警察庁が要求していたDNA型鑑定のための機器類整備予算が、大蔵省との復活折衝によって認められたという。

飯塚事件が発生したのは、菅家さん逮捕のわずか二ヵ月後の一九九二年二月である。

捜査は難航したが、発生から二年半後の一九九四年九月、DNA型鑑定など四つの「情況証拠」を束ねて久間三千年が逮捕・起訴された。

郵便はがき

112-8731

料金受取人払郵便

小石川局承認

1116

差出有効期間
2024年9月9日
まで

東京都文京区音羽二丁目
十二番二十一号

講談社
第一事業局企画部
ノンフィクション
編集チーム
行

★この本についてお気づきの点、ご感想などをお教え下さい。
(このハガキに記述していただく内容には、住所、氏名、年齢などの個人情報が含まれています。個人情報保護の観点から、ハガキは通常当出版部内のみで読ませていただきますが、この本の著者に回送することを許諾される場合は下記「許諾する」の欄を丸で囲んで下さい。

このハガキを著者に回送することを　許諾する　・　許諾しない)

TY 000077-2208

愛読者カード

今後の出版企画の参考にいたしたく存じます。ご記入のうえご投函ください（2024年9月9日までは切手不要です）。

お買い上げいただいた書籍の題名

a　ご住所　〒□□□-□□□□

b　お名前《ふりがな》　c　年齢（　　　）歳

d　性別　1 男性 2 女性

e　ご職業（複数可）　1 学生　2 教職員　3 公務員　4 会社員（事務系）　5 会社員（技術系）　6 エンジニア　7 会社役員　8 団体職員　9 団体役員　10 会社オーナー　11 研究職　12 フリーランス　13 サービス業　14 商工業　15 自営業　16 農林漁業　17 主婦　18 家事手伝い　19 ボランティア　20 無職　21 その他（　　　　　）

f　いつもご覧になるテレビ番組、ウェブサイト、ＳＮＳをお教えください。いくつでも。

g　最近おもしろかった本の書名をお教えください。いくつでも。

飯塚事件の公判が始まって三年目の一九九七年、足利事件は大きな転機を迎えている。法医学の権威として知られる押田茂實《おしだしげみ》・日本大学医学部教授が独自に菅家さんのDNA型を鑑定した結果、犯人とは別人であることが分かったとして最高裁に「意見書」を提出したのである。

同じ一九九七年、飯塚事件の公判でも帝京大学の石山教授が出廷してDNA型鑑定の杜撰《ずさん》さを指摘している。しかし一九九九年の一審判決ではMCT118型検査法の有効性を認め、目撃証言や繊維片など別の証拠と「全部あわせて直接証拠の分がある」（山方元一課長）として死刑判決を導いた。

足利事件では上告が棄却され、いったん二〇〇〇年七月に無期懲役判決が確定したが、二〇〇二年一二月から再審請求が繰り返され、多くのジャーナリストや学者が足利事件の判決に対する疑問を呈するなど、徐々に科警研によるDNA型鑑定に疑念が持たれるようになった。

そうした声に押されるように東京高裁は二〇〇八年一二月二四日、足利事件のDNA型再鑑定を決定する。

久間の死刑が執行されたのはそのわずか二ヵ月前の、同年一〇月二八日だった。

翌二〇〇九年六月、東京高裁が足利事件の再審開始を決定、二〇一〇年三月にはこの事件におけるMCT118法には証拠能力がないとする無罪判決が出ている。これによって初期のDNA型鑑定に問題があったことが社会的に広く認知されるようになった。

飯塚事件は、DNA型鑑定の普及、足利事件の進行と絡み合うように進行しているのである。

二つの事件でもっとも大きく異なっているのは、足利事件が無期懲役判決だったのに対し、飯塚事件は死刑判決が確定し、しかも判決から二年後という異例に早い段階で執行されているという点である。

また、足利事件ではDNA型の再鑑定に必要な検体（試料）が残されていたことも、再審に道を開く大きなポイントになった。

足利事件のDNA型再鑑定に背中を押されるように、飯塚事件でも死刑執行直後に「再審弁護団」が結成された。

徳田靖之弁護士、岩田務弁護士らの呼びかけに応じる形で大分・福岡を中心に四〇人の弁護士が手弁当、つまり無報酬で集まり、共同代表には徳田弁護士が就いた。

徳田と岩田の二人には弁護士としての原点がある。一九八一年に大分市で女子短大生が殺害された「みどり荘事件」である。この事件で、捜査時に犯行を自白し一審で無期懲役判決を受けていた男性を、二審で無罪に導いたのだ。

この事件でもDNA型鑑定が争点となっていた。

一九九三年、現場に残された犯人の毛髪と被告人のDNA型が一致したという鑑定結果が出た。実物の確認をしておこうと裁判所に向かったのが岩田弁護士だった。岩田は工学部を卒業後NHKの技術職として働いたのち、徳田弁護士が主宰する勉強会に通って司法試験に合格したという経歴の持ち主である。

保管されていた試料の毛髪は一五センチの長さがあり、事件当時パンチパーマだった被告人のものとは明らかに違っていた。DNA型鑑定は誤りだったのだ。

一九九五年、福岡高裁は無期懲役を破棄し、無罪判決を言い渡した。

しかし、このとき、徳田は一審での有罪判決に強い責任を感じていた。実は徳田が初公判前に被告と面会したのは二回だけ。被告が警察から自白を強いられていたとは考えもせず、矛盾点を見過ごしてしまったと悔いていたのだ。

弁護人としての「責め」を負った徳田が次に担当することになったのが飯塚事件だった。徳田は久間と面会を続けるうちに無実を確信したという。

徳田靖之弁護士

正直、わたしは引き受けてしばらくの間は、「分からない。ただ彼が一貫して無実を訴えているという事実だけは大事にしよう」と思っていましたが、本当にやっているのかやっていないのかということは留保しながら当初は弁護活動をやっていました。

そうする形で続けていくと、この検察側の証拠がいかにもずさんだなということが見えてくるわけです。重箱の隅をつつくような形で検察側の証拠をずっと何度も何度も読んでいく中でずさんさが浮かんでくるというか、これは久間さんは犯人ではないという感じが控訴審が終わる間際ぐらいですか、そういう確信に変わってきました。

しかし、判決から二年で死刑が執行された。まさに再審請求の準備中のことだった。当時の法曹界では「再審請求をしているうちは死刑執行がストップされるという不文律がある」とされており、徳田は早く再審請求できなかった自分を再び責めた。

徳田弁護士

死刑判決が確定したあとも久間さんに会って、再審請求をしたいという久間さんの意向も聞いて、私たちもすべきだと思ってやりましょうということを約束していた。で、その約束をしていたにもかかわらず、我々が迅速《じんそく》に着手しなかったために、結局久間さんは死刑になってしまったという思いがあるわけですよね。

だから、死刑になったことを知った直後というのは、俺たちがというか、主として私と、岩田弁護士ですけど、俺たちが久間さんを殺したんだという、そういう思いに、はっきり言って苛《さいな》まれたわけですよね。

それがその、遺族から、久間さんが生前、私たちを信頼していたから、再審をお願いしますと言ってくださったことでいわば救われたとはいえないにしても、うーん、いわばこう、突き落とされていたようなところから、這い上がろうという気持ちになってこれたわけです。

ひと口に再審請求といっても、その重く、分厚い扉を開けるのは容易なことではない。日本の刑事訴訟制度では、再審請求にあたって弁護団のほうから新証拠を提示し、裁判所に認めさせることが求められている。警察、検察が自らの捜査を覆すような証拠を提示することはないし、裁判所が再捜査を促すこともない。

徳田靖之弁護士

徳田弁護士
検察官が手持ちで法廷に出さなかった証拠というのはたくさんあるわけですよ。それらを開示する義務がないんですね。
検察官というのはいっぱい証拠を集めるわけです。証拠の中には、この人を犯人にする側で働くプラスの証拠と、ひょっとしたら犯人ではないかもしれないというマイナスの証拠っていうのがあるわけです。
飯塚事件の場合、私たちは久間さんの無実の証拠が検察官の手持ちにあるんじゃないかというふうに確信しているんですけど、ないといわれたら、それこそ罪を犯して倉庫に入って探し出すとか、そういうことでもしない限り、検察官の手持ちにある、いわゆるマイナスの証拠というのが出てこないということですよね。

目撃証言、DNA型鑑定、車内の血痕、衣服に付着していた繊維片……弁護団は有罪の根拠となった証拠をあらためてひとつひとつ精査していった。

岩田弁護士
最初の目撃証言もそうだし、MCT118の科警研判定も非常に問題があるというか、結論を強引に持っていった鑑定。それで念のためか帝京大学に出した別のＤＮＡ鑑定では、久間さんのものは出なかった。

そうすると今度は繊維鑑定を始めた。その繊維鑑定をやっているうちに、いつの間にか車のシートの裏に血痕がついていたと。血痕がいつ付いたか分からないんです。久間さんの車はもともと中古車なんです。だから、久間さんが持っている間に付いたという証明はされていないんですよ。捜査側は前の人はそんなことはなかったという調書を取っているだけで、実際本当にいつ付いたのか分からないんです。

そんな非常にもろい証拠ばかりだったものを、いままでＭＣＴ１１８で束ねてつなぎとめていたんです、扇の要みたいに。


とくに法廷でも大きな争点のひとつになったＤＮＡ型鑑定は難解で、専門家の間でもその手法や有効性について意見が分かれていた。

弁護団はＤＮＡ型鑑定について基礎的な知識を蓄積するため、日本大学医学部法医学教室で行われた実習に参加して実際に鑑定の手続きを経験している。

さらに弁護団は、足利事件で遺留物と菅家さんのＤＮＡ型の再鑑定を行った本田克也・筑波大学教授（社会医学系法医学教室）に飯塚事件についての報告書作成を依頼した。

足利事件では、裁判所の依頼に応じて本田教授が再鑑定を行い、両者がまったく別人のものだと証明し、再審開始、菅家さんの無罪判決に道を開いている。

本田教授は飯塚事件の弁護団の求めに応じ、MCT118法による科警研のDNA型鑑定には不備があったとして、「最新の方法によるDNA鑑定結果報告書（久間三千年のDNA型）」とする報告書を作成し、福岡地裁に提出した（二〇〇九年一〇月一三日付）。

弁護団はこうした立証を積み重ね、再審請求審に臨んだ。死刑執行からちょうど一年後の二〇〇九年一〇月二八日、飯塚事件の再審請求審が開始された。

足利事件で認められた再審が、飯塚事件でも認められるか――関係者の受け止め方は様々だった。

山方元捜査一課長

まあ、執念深い弁護士がまだおるとやな。どうしても警察の間違いちゅうのをどげんかして証明せないかんちゅうような、いわゆる私からいえば考え方のまちごうた、弁護士がおるとやなというふうに感じましたですね。

弁護士は証拠をつくる、うん。と（いう弁護士）がまだ、おるとかなと思うてですね。

ひっくり返すためには、新しか証拠をつくらんと、裁判所が、「そげな証拠あるなら再審もう一ぺんせないかんな」いうようなのをつくってこないかんですから。

——新証拠を？

うん、そう。

傍示元サブキャップ

絶対に認められんだろうなと思いましたね。結局、もちろんね、過去、死刑執行後に再審決定になった事例ってのはないってのは知っていましたし。そこはね、まさに死刑の是非というか、死刑制度そのものの是非論に踏み込まざるを得ないというか、法務省の存在にも関わってくるというか、非常に日本の刑事司法がひっくり返るような決定になるわけですね、再審を認めるというのは。再審決定イコールほぼ無罪みたいなところがね、これまでの日本の司法史上ではそんな感じなんで、再審決定というのはありえないだろうなとちょっと醒めた目で見てましたね。

坂田元班長

いやそりゃ気になりますよ。どげな結果になるかね。そりゃ、ならんちゅうたら嘘でしょう。どげんなるか。しかし、間違いないけんと自分をまた納得させますけどね。どげな公判でどげなミスがあっとうか分からんから。

こっちは捜査資料そろえて出しましたけど、裁判所は、私いつも思ってますけどね、裁判ちゅうのは、芝居だと。検事と弁護士の芝居だと。どっちが芝居が上手かで、有罪になるか無罪になるかですよ。ね。

弁護団は再審に向け、八丁峠の目撃証言とDNA型鑑定のふたつを大きなポイントにしていた。

足利事件で獄中の菅家被告から毛髪の提供を受け、独自のDNA型鑑定によって再鑑定、再審決定への道を開いた押田教授は、飯塚事件でも弁護団の依頼に応じて鑑定書を書き、福岡高裁に提出している。

日本大学　押田茂實名誉教授（法医学）

法律の女神（の像）見てください。目隠しをして、ひとつひとつきいて、黒人だから有罪、白人だから無罪というようなことはしないというやっぱりあれで、ヨーロッ

日本大学医学部・押田茂實名誉教授

パから、たまたま手に入れて持ってきたものですけど、日本の法律の女神は、眼があっち向いてほい、こっち向いてほいで見てます。

最高裁の玄関のやつを映像を撮って来てほしいと思う。目隠ししておりません。ヨーロッパの法律の女神は目隠しをしています。この違いはよく考えていただきたい、と。こういうふうに思います。


歴史的な冤罪事件となった足利事件について、警察庁は二〇一〇年四月に捜査の問題点を検証する報告書を公表している。

このなかで、MCT118型検査法は〈学術雑誌に掲載されることによってその科学的正確性を一般的に示すという方法が採られており、（中略）一般的な手順を踏んで実施しており、これを鑑定に用いることに問題はなかった〉と検査法そのものに問題はなかったとする主張を曲げていない。

最高検察庁も報告書を公表し、「鑑定手順・技量には特段の問題はなかった」としながら、MCT118型検査法の個人識別能力については過大評価があったとしている。

〈捜査当時、本件DNA型鑑定結果の出現頻度は、1000人中約8・3人であるとされていたが（中略）控訴審当時には、1000人中約35・8人とその出現頻度は高くなって

おり（血液型検査の結果を加味すると、1000人中約5・4人）、その限度でその証拠価値が低下したことは否定できない〉

〈DNA型鑑定が捜査に導入されて間もない時期であったことを踏まえ、主任検事として、このサンプル調査の調査人数について確認するのはもとより、この調査人数が十分なものであるか、これに基づく出現頻度の証明の程度をどのように考えるべきかといった観点からも検討を行うべきであった。（中略）組織全体として、DNA型鑑定に関する理解・検討が十分になされていなかったことは、反省しなければならない〉

足利事件の後、警察庁は新たなDNA型鑑定法の開発につとめ、短鎖DNA（TH01型鑑定及びPM検査という二つの検査法を実用化した。一九九六年一二月には「DNA型鑑定の運用に関する指針」の一部改正を行い、TH01型など二つのDNA型鑑定法を追加している。

二〇〇六年からはSTR（Short Tandem Repeat＝短い繰り返し配列）自動解析法という新たな鑑定法に置き換わった。さらに改良が加えられ、STR解析法によって一〇の二〇乗分の一という天文学的な精度で個人を特定できるとされる。現在ではMCT118型鑑定法は全国の科学捜査研究所でまったく使われなくなっている。

押田名誉教授

MCT118という、この方法だと、だいたいまあ、その当時は過大に評価されてしまったんですけども、まあの、何十分の一とか、そういうレベルのものだったということがだんだんあとになって分かってきました。ですからまだ、言ってみればこれは試作車の段階ですよ。これを証拠に出して、そして、これがあるから死刑だとか、これがあるから無期懲役だとかというふうに使うのは、ちょっといかがなものかっていう時期だと思います。

こんなもので鑑定するなよと。死刑になるかどうかって言ってるんですから。一生の間に、一人か二人かそのくらいしかないわけですから。そこに命懸けて自分の地位を懸けるの、これでと。(科警研技官に)言いますね。

――専門家の目から見るとそのくらいあやふやということ?

いやこれはもうとてもじゃないけど、許すわけにいかないです。

再審請求審開始から三年近くが経過した二〇一二年九月、弁護団に吉報がもたらされた。

度重なる要望に裁判所がようやく応じ、科学警察研究所に保管されていたDNA型鑑定のネガフィルムの現像が許されたのである。

弁護団は裁判所に度々撮影の要望を出していたが、検察が「ネガフィルムは空気に触れると劣化してしまう」と提供を拒否していた。二年間の交渉の結果、裁判所が検察にネガフィルムの提供を命じ、撮影がようやく認められたのだ。

科学警察研究所では、ＭＣＴ１１８法を用いたＤＮＡ型解析を行う際、ＤＮＡを電気泳動させた結果を写真撮影し、それを画像解析装置に取り込んで測定するという手順を踏んでいた。警察庁はこの手順を「先進的な方法」と自賛している。その解析のもとになったネガフィルムを弁護団に開示するという。

岩田弁護士

ネガフィルムに、もっと必要な情報があるんで、それを撮りなおせば、もう一回型判定が正しかったかの検証ができると考えていますね。

とっかかりができるんじゃないかなと。一番この事件で問題なのはＤＮＡの試料というか、現物がないということになっているんで。なければもうネガフィルムしか実験の結果がありませんから、それを検証したほうがいいと考えています。

徳田弁護士

死刑判決の柱は、DNA型鑑定と目撃証言。これは誰が見てもはっきりしていましたから、DNA型鑑定がおかしいということをなんとか立証しなければということで、私たちの目の前にやっと、これで再審いけるという展望が開けたわけですね。

――そのとっかかりがDNA型鑑定?

そうです、そうです。

ようやく目にするネガフィルムの「現物」。弁護団の期待は大きかった。

二〇一二年九月七日、福岡地裁でネガフィルムの撮影が行われた。撮影には裁判所の職員だけでなく、「検察官七~八人が立ち会っていた」という。撮影を終え、裁判所から出てきた岩田弁護士はそう興奮気味に話した。

弁護団は撮影したフィルムの映像データを検証してもらうため、翌日には筑波大学の本田克也教授に送った。

九月二〇日、徳田弁護士の携帯電話にかかってきた本田教授の電話の声は、かすかに上ずっていた。

「大変なことが起きている」

弁護団は一〇月二五日、記者会見を開き、科警研の鑑定書に掲載されていた写真は「加工されたもの」と主張した。

記者会見――徳田弁護士

我々としてはですけど、科警研（科学警察研究所）の鑑定書に添付されていた写真というのは、加工されている。控えめに言うとですね。我々弁護人から見ると改竄《かいざん》されている。もしくは捏造《ねつぞう》されているというふうに解釈せざるを得ないのではないかというふうに考えています。

それ（DNA型）を赤いペンで「ここにある」という形で説明してしまうと楽ですよね。見えてないわけですから。右側の写真にはそれ見えていないわけですよね。見えていないけど赤いペンでここにあるんですというふうにこういう説明をしているわけです。で、ネガでよく見てみると、そのへんは非常にあいまいだと。非常に読み方が難しい部分を赤ペンで書くことによってスルーしているわけです。ありますと。

科警研は写真の一部に久間と同じDNA型があるとし、その部分に赤点を補って強調していた。

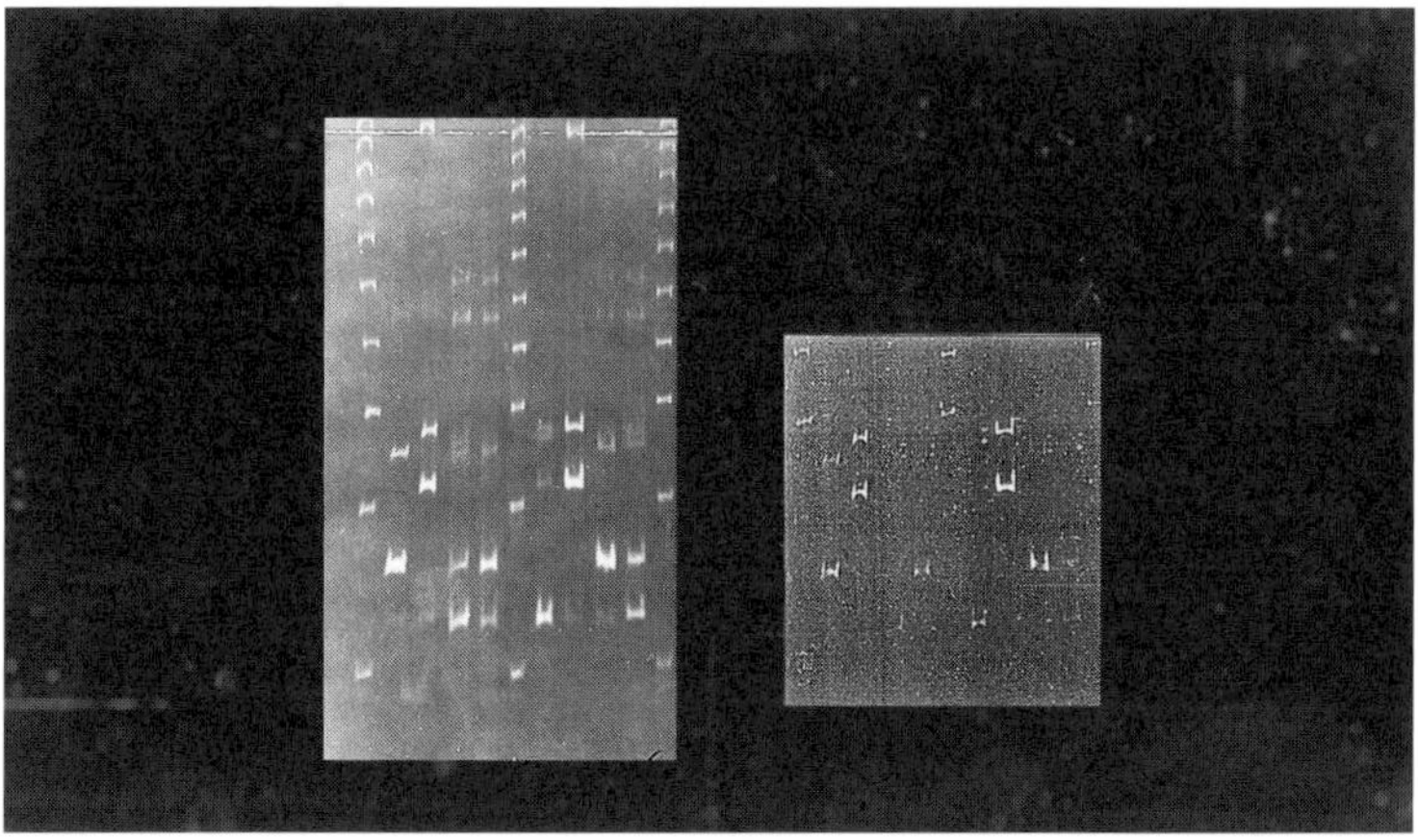

弁護団が撮影したネガフィルム（左）と科警研が法廷に提出した鑑定写真。上部が切り取られている

しかし今回、弁護団の依頼によって本田教授があらためてもとのフィルムを撮影した写真を確認すると、赤いペンで示された部分はかなり不鮮明で、ＤＮＡ型を判断するのは不可能だったというのである。

さらに、鑑定書に掲載されていた写真にはネガフィルムの画像全体が写っているわけではなく、一部が切り取られていた。

弁護団は、その切り取られた部分に真犯人のＤＮＡ型が写っている可能性があると主張した。科警研が切り取った画面に被害者とも、久間とも違うＤＮＡ型が写っていたとすれば、犯人のもの以外にはありえない。科警研はそれを隠すために、あえて写真の一部を切り取り、画像全体を暗くして判別しづらくした、と弁護団は見た。

記者会見——徳田弁護士

一番私が皆さんに理解してほしいのは、なんでこんな切り取りをしたかということですよ。それはそんなに重要なものではなくて説明可能であれば、ネガを焼き付けたわけですからそのまま出せばいいわけですね。ポジ写真を。それで説明すればいいわけですよ。

それを、そのポジ写真をカットして、鑑定書につけて、まるでそんなものがなかったような形で証拠として出してきているという。なぜそんなことをしたのか。

我々が一番憤《いきどお》っているのは、こういう形で、証拠の写真に手を入れている。その結果として、死刑判決になるまで、確定するまでの間に、この証拠はおかしいじゃないかということを争う機会を奪っているわけですよね。

だから私どもは、こういうネガフィルムを今度見てみてこういうものが分かったという以上に憤っているのは、こんな工作をしていていいのか、ということですよ。

しかし、捜査にあたった山方元捜査一課長は、この弁護団の見解に強く反論する。

山方元捜査一課長

私は、もうそういうことを百パーセントせないかん理由がなかろう。科警研がね。なんで久間がしとらんものをしたことにせないかんかと。

だから私あの、（科警研の）法務部長も何回か会うとりますけど、まあ何回か会うたぐらいで心の中分からんですけど、私自身が間違うて逮捕して人から批判されて、しゃにむにこれを犯人に仕立てて裁判になって有罪を勝ち取らないといかんというもんは私はおらんと思うんです。

する必要がない。なんで売名、なんてよか刑事なんていやせんですよ。そんなことしたって。うん、（売名行為を）やる気ある刑事なんていやせんですよ。あれバカかしか言われない。

――科警研が証拠の捏造するというのは？

ないです。

――考えられない？

うん。はい。

福岡地検は記者を集めてブリーフィングを行い、「ネガフィルムの改竄」という弁護側の主張を即座に否定した。

検察の見解を伝える記事が新聞各紙に掲載されている。

〈再審弁護団がDNA鑑定の結果を解析して新たに確認したとする「真犯人のDNA型」について、検察側は、「鑑定の過程で発生するエキストラバンド（余分な帯）であり、犯人のDNA型を示したものではない。そのことは1審公判で既に説明している」と、反論する方針を固めた。

専門家によると、エキストラバンドは鑑定の過程で出現することがある無関係な反応で、試料を複数回鑑定することで正規の型かどうかを判別することができる。検察側によると、当時、鑑定した警察庁科学警察研究所の技官2人が複数回の鑑定で無関係であることを確認していたという〉

（二〇一二年一一月二〇日付西部読売新聞朝刊）

検察側の主張に重きを置いたこの記事に、弁護団はすぐに反応した。

記者会見――徳田弁護士

我々としては、皆さんに正確に我々の主張を理解してもらいたいと思って情報提供している。それは我々なりの責任というものを考えて、やってきたことで、皆さんの場合も、ひょっとしたらこの事件に関しては重大なマスコミとしての過ちをおかしたかもしれないという、そういう姿勢が、省みられなくなったら、私は、こういう事件における弁護人と報道にあたる人たちの間の信頼関係って成り立たないような気がするわけですよ。

弁護人からレクチャーを受けて、書かれる記事が、検察側反論というこれだけだったら、なんのためにレクチャーっていうものをしているのか、ということになるんですよね。

もし、あえて「もし」という言葉を使いますけど、この再審請求が開始される、無罪が明らかになったときに、この事件の報道における、各ジャーナリズムの姿勢というものが問われるわけですよ。かつて自分の社、自分のテレビ局がどのような報道をしたか、この事件について。ぜひ検証してください。

犯人に違いないという報道ばっかりが流れまくっているので、いまだに、請求人である久間さんの奥さん、子どもさんはここに出てくることができないんですよ。

傍示元サブキャップ

僕らはね、捜査機関の、捜査の進展をたぶん他社よりも深く、詳しく知って書けたと思っているんですけど、はっきり言ってそれに、寄りかかるしかなかったわけですよね。結局そこしかないわけで、自前で調査なりができるわけではなかったですし、少なくとも科学鑑定というのは入手しようがないですよね。

またさらに久間さんの家族にとっては、西日本新聞許さないと、当然繋がっていったとは思いますけどね。西日本新聞が常にリードしているような印象を受けられたと思いますけどね。

警察と一緒になって、ウチの主人を犯人に仕立てあげようとしていると思うのは家族として当然ですよね。

徳田弁護士

（検察は）エキストラバンドだって、要するにエラーだというわけ。これは人の型ではないということを確認したということを、記者会見して、検察官が発表したわけです。専門家によると、エキストラバンド、これはまあエラー。エキストラバンドは鑑定の過程で出現することがある無関係な反応で、試料を複数回鑑定することで正規の型かどうかを判別することができる。検察側によると、当時鑑定した警察庁科学警察研究所の技官二人が複数回の鑑定で無関係であることを確認していたと、こう言っているんですね。

（カットされた上にあるものが）エラーと確認していると。私たちそれを聞いてね、ああそうですかと。ではその確認したあれ出してください、複数回やったっていうんだったら、これ以外の写真があるはずだから、それを出してください。それ出せば、エラーだということが分かるはずだと。ないと言うんですよ。出してないんですよ。

こういうこと偉そうに言っているけど、複数回実験してエラーだっていうことを確認したという、その証拠は全然ないんですよ。

で、それを聞いたら、何回あんたたちは実験したのかって。三回っていうわけですよ。ではこれ一回目の写真があるけどほかの二回の写真はどこにあるんだと。いまはないと。


複数の試料で確認しなければ、証拠としての能力がない——その主張は、押田名誉教授の見解と一致している。

押田名誉教授

（写真は）これ一枚しかないんですか？　同じことをやってもこうだったんですか？　あの検査法がおかしいっていうんだったら、またここに出てくるはずだから、じゃあもう一枚見して、出しなさいよ。なんで出てこないの。隠してるからでしょうと。こう私だったら言いますね。

だから、一回こっきりで死刑なんてやっていいんですか。

私はいつも言っているんですけどＤＮＡ鑑定含めた鑑定というのは、いつ、どこで

誰がやっても同じ結果になる。私がやんなくても、ほかの人がやっても同じ結果にな
りますよ。だから、書類に書いてるわけです。それが崩れちゃったら、これ鑑定じゃ
ないんじゃないですかと。ボクはそういうふうに思いますけどね。

翌二〇一三年一月一六日、弁護団はより直接的な証拠が残されていないか、検察に開示
を求めた。DNA型鑑定を行った試料の現物と、実験データである。
足利事件では精液の付着した半袖下着が残っており、再審ではそこから得られた試料に
よってDNA型の判別をすることができた。
飯塚事件の弁護団も、遺体から採取されたDNA型の試料自体を入手することで当初の
鑑定の問題点が浮き彫りになると考えたのだ。
しかし、検察の回答は、「DNA型鑑定の試料、実験データは存在しない」だった。

記者会見——徳田弁護士

技官が処分したとか、そういうものはつくっていないとか、いずれにしてもこちら
が要求した大半はない、という回答です。

記者会見——岩田弁護士

理由が納得いかないのは、鑑定書に出した写真以外のネガフィルム、ポジフィルムは、検査をやった技官が、個人的に撮った写真やネガフィルムだったと。そんなこと、実験は一連のもので、それで写真はずっと続けて撮るはずで、そのなかで一番いいのを鑑定書に使ったと思われるんですが、その中の鑑定書のものだけが税金払ってやった公的なもので、残りの写真は全部技官の個人のものだからその技官が退職したときに廃棄したものと思われると。

技官に確認したというわけでもないし、そういうことでしょうという回答しか出ていない。だからこの回答書も、まったくおかしな回答だと思います。

それから、実験ノートがあるんではないかということですが、これについては、その技官が実験ノートはつくっていたと。技官が退官したときに、廃棄したというような話を書いています。

ですけど、実験、これだけ重要な実験の実験ノートですから、作成するのは技官個人です。これはよく分かりますけど、作成した実験ノート自体は公的なものでないかと思っている。本当に退職のときに廃棄したならそれ自体が問題だと、証拠の毀滅だと私は思っています。

押田名誉教授
それはもう、公務員にあるまじき行為だと思います。私は（研究者人生の）前半は国立大学（東北大学医学部）にいましたから、国家公務員だったんですけれども、警察の科学警察研究所の人たちも全部、国家公務員ですから。それは公務員にあるまじき行為だと思いますよ。これは懲罰の対象になると思います。

なんでそういうことをしないんですか。鑑定ノートを棄てたら、実験というか、鑑定はどうやってやったか分からなくなるじゃないですか。だからこのケースも、再鑑定やれば、あなた嘘をついているんじゃないですか、真犯人じゃないですかっていうか、警察これでいいんですかというふうになるか、一目瞭然に分かるはずです。いまの技術だったら。

なんで一滴でもいいから残しておかないのかと。

ホントはあると思いますよ、私。


足利事件では二〇〇九年六月四日、刑の執行が停止され菅家利和さんが服役中の千葉刑務所から釈放された。

しかし、その八ヵ月前に久間の死刑が執行された飯塚事件では、重い再審の扉が開く気配はなかった。

8 目撃証言の検証

弁護団が再審請求をするにあたって、DNA型の鑑定と並ぶポイントとして注目していたのが、事件発生当日、八丁峠での目撃証言である。

一九九二年二月二〇日の午前一一時ころ、森林組合の職員が車で山道を下りていたところ、左カーブの反対車線路肩に紺色のワゴン車が停まっており、前頭部の禿げた中年男性が車の助手席の辺りを歩いているのが見えた。

男性は車の前方に移動したが、森林組合の職員の車に気づくとその場でつんのめり、前向きに両手をついたというものである。

平日の午前中、八丁峠を抜ける車は少なく、まして人影はほとんどない時間帯で、「何をしてるんだろう」と不審に思っていた。職員は職場に戻って、ワゴン車を目撃したことを同僚に伝えている。

のちに、警察の聞き取りに対して目撃したのはダブルタイヤの紺色ワゴン車だったと伝え、さらに車の色、メーカー、タイヤの特徴など二〇項目にわたって詳細に証言している。

この目撃証言は正確なのか。

それを確かめるため、岩田弁護士は八丁峠の目撃現場に何度も繰り返し足を運んだ。

岩田弁護士
この辺りに車が停まっていて、車と怪しい人がいて、ここを上から山林組合の人が車で通って、通りながら目撃したという。で、ここが遺留品の発見現場ですね。ここからこう、ぽんと投げ捨てたということです。

ランドセルとか、そういうものだったと思います。

車がこのあたりに停まって、向こうのカーブから下りてきたんですね。あのカーブを曲がってはじめて車が見える。だから、コンマ何秒。実際に怪しい人と車を見たといっても、一秒もない、コンマ何秒の世界なんです。

男性の行動の話、それから、男性がどんな服装をしていたかという話、それから、車の特徴。二〇項目、コンマ何秒見たなかで覚えている。しかもそれが二週間ぐらい経ってる。三月九日になって、調書になっているわけです。それは、事件から一七日後ですね。目撃したときから一七日後にそういうことまで記憶していたという、ちょっと信じられないような供述ですね。

標準タイプのワゴン車、トヨタや日産ではない、やや古い型、車体が紺色、車体にラインがなかった。ラインがなかったというのが非常に特徴のある供述なんですよね。トヨタや日産でないというのと。後輪タイヤはダブルタイヤ、ダブルタイヤと矛盾するホイールキャップの話も出てくる。そうすると、誰かがそういう情報を入れたとしか考えられないわけです。

それは、やっぱりそのときに誰がいたかとなると、証人の供述した人と、あと記録をつくった警察官しかいないわけですから。警察官が誘導したと考えざるを得ないわけです。

じゃあなんでここでコンマ何秒通ってね、それだけのことが記憶できるのかということを証明してほしいですよ。そんなことできないんですから。

車を運転して峠を下っている最中、わずかな時間にそこまで細かく車の特徴を見て取ることができるのか。

さらに、その特徴を二週間以上も記憶していられるのか。

岩田弁護士は、そこに警察の「誘導」があったと主張する。

これに対し、捜査本部にいた坂田政晴は強く反論する。

ワゴン車目撃地点に立つ岩田務弁護士

坂田元班長

――実況見分にも立ち会われて？

そりゃそうですよ。もう矛盾がないように何回も。死刑事件ですからね。何度も慎重にやっておかんと死刑事件ですから。これはもういまみたいに再審再審でもめることと分かっていますから。

とにかく、詳細な実況見分やりましたよ。矛盾はないか。うん。といって、われわれあのときは、私は実況見分官じゃないけど、実況見分をする人を指揮して、絶対これは落ちがないように。

あとから弁護士あたりからつっこまれんようにピシャッとやらにゃいかんぞということで、何回も何回も、矛盾がないようにして、実況見分調書というのをつくっていますよ。

弁護団は目撃証言の真偽に迫るため、当時の捜査報告書の開示を要求した。

二〇一二年九月、検察からようやく捜査報告書が開示されたが、一部黒塗りのままだった。弁護団が全面開示を強く要求したが、検察は「裁判とは無関係」と拒否。

それでも食い下がる弁護団に応えて、一ヵ月後に裁判所が検察に開示を勧告し、黒塗りを解かれた報告書が弁護団の元に届いた。

報告書には事件発生から八ヵ月間の捜査結果がまとめられていたが、それを読み込んでいた弁護団の亀井正照弁護士がおかしな点に気づいた。

事件発生の一八日後（三月九日）に目撃者の供述調書を作成した警察官が、その二日前の三月七日に久間の車を見分していたことを窺わせる記述が見つかったのだ。

当初警察は不審車両を捜査していった結果、事件から二〇日後の三月一一日になって、久間が捜査線上に浮かんだとしていた。

しかし、報告書からは、それとは異なる警察の動きが見えてきたのだ。徳田弁護士は弁護団会議で「検察はうっかり黒塗りの解除に応じた。これは敵失だ。向こうが犯した過失に食いついていこう」と檄を飛ばした。

捜査報告書に記載されていた事実関係を整理すると、以下のようになる。

三月七日　警察官が久間の車を確認。報告書に「ラインはなかった」と記述
三月九日　同じ警察官が目撃者の供述調書を作成。「紺色ワゴン車・ダブルタイヤ」「ト

ヨタやニッサンではない」「ラインはなかった」「窓ガラスにフィルム」など
と車の特徴を証言

三月一一日　久間が捜査線上に浮上

徳田弁護士

そんな馬鹿なことあるかと思うわけですよ。

だって目撃した人から供述調書を作成するわけだから、まずその人の話を聞いて、それを記録するのが普通でしょ。それをつくる二日前に、何の関係もないはずの久間さんの家に行って久間さんの車を見る。そうすると久間さんの車はどんな車かって詳細に分かりますよね。

そして二日後に目撃者に、どんな車だったっていう話を聞くなんていうのは、最初から犯人は久間さんと決めておいて、いかにして目撃者の話が久間さんの車の特徴に一致するかっていうことを捜査官が意識しながら聞いていくことになるわけですよ。これは捜査じゃないんですよね。

いわゆる見込み捜査とか言うんですけど、私に言わせれば証拠のね、でっちあげでしょう。

思わぬところから漏れた、警察の動き。捜査を指揮していた坂田元特捜班長は何を語るのか。

坂田元班長

結局は、そういう前歴者でしょう。前歴者と言ったら悪いかも分からんけど、アイコちゃん事件のときの、うーん見込み捜査やなくて、どない言ったらいいかな。やっぱし、そういう車を持っとるかどうかの確認に行ったんだろうと思うんですよね。行かしたんだろうと思うんですよ。でもその時点で久間が容疑者ということではなくて、車の所有者ということで見に行かせたと思うんですけどね。

――警察側から見ると当然だが？

当然ですよ。当然。

――弁護側に立つと逆？

逆。うん。

プラスとマイナスがありますから絶対。警察は積極的に、弁護士は足引っ張ろうとしますからね。裁判官の心証に任す以外は方法ないです。フフ。

見込み捜査ということが一番くさびを打ち込みたいところでしょうから。弁護士としては。警察としてはそうじゃないと。車をつぶして（久間容疑者が）出てきたんだと。そのせめぎあいですから。


福岡地方裁判所は再審請求についての決定を二〇一四年三月三一日に出すと通知した。弁護団がこだわり抜いたDNA型鑑定、さらに目撃証言の証拠能力について、裁判所がどのように判断するのか。

死刑が確定したあとで再審が認められ、その後無罪が確定した事件はそれまでに四件あったが、すでに死刑が執行された事件で再審が認められればはじめてのケースとなる。

この日、岩田弁護士は朝から、「緊張しますね。どっちか分からんから」と期待を高めていた。

再審請求審で弁護団は、筑波大学医学部の本田教授の報告書をはじめ、さまざまな「新証拠」を提出してきた。

二〇一二年一〇月には本田教授の「第二次鑑定書」を提出、東京歯科大学の水口清教授の意見書、京都大学医学部の玉木敬二教授の意見書などを提出し、科警研のDNA型鑑定の不備を主張した。

認知心理学を専門とする日本大学文理学部の嚴島行雄《いつくしまゆきお》教授は実際にフィールドワークを行って、車で短時間、すれ違ったときの状況をどの程度記憶していられるかの実験結果を鑑定書にまとめて提出した。

これに加え弁護団は前述の捜査報告書の記述の時系列から、八丁峠での目撃証言が警察官に誘導されたものである可能性が高いことを主張した。

弁護団はこれまでの活動に手応えを感じていた。

徳田弁護士

ＤＮＡ鑑定が完全に捏造されているというふうに明らかになったと思いましたし、目撃証拠も、捜査官が誘導したものだということが基本的に明らかになっているので、もうこれで十分だろうというふうに思ったわけです。

しかしこの日、福岡地裁第二刑事部の決定は、その期待を裏切るものだった。

平塚浩司裁判長は再審請求を棄却し、その理由として以下のように判示している。

〈（繊維鑑定、車の血痕、アリバイの不存在などの）情況事実は、いずれも単独では事件本人を犯人と断定することができないものであり、その意味で、抽象的には、事件本人と犯人との結び付きに疑いを差し挟む余地が全くないわけではない。しかしながら、本件の犯人については、前記のように独立した多くの情況事実によって重層的に絞り込まれているのであり、事件本人以外に、こうした事実関係のすべてを説明できる者が存在する現実的な可能性は非常に乏しく、抽象的な可能性にとどまるものと考えられ、全証拠を精査しても、かかる人物が存在するのではないかという合理的な疑いを抱かせるような事情はうかがわれない〉

〈（弁護団提出の）本田鑑定書等のうち信用性が肯定できる部分を前提とすれば、確定判決が有罪認定の根拠とした（科警研の）酒井・笠井鑑定等のうち、MCT118型において犯人の型と事件本人の型が一致したとの点は、そのまま有罪認定の根拠として供することはできないとしても、MCT118型において犯人の型と事件本人の型が一致しないことが明らかになったものではなく、両者が一致する可能性も十分にあるのであるから、MCT118型の点以外の情況事実にこれを併せ考慮した場合であっても、事件本人が犯人であることについて合理的な疑いを超えた高度の立証がなされているといえる〉

弁護団の主張はことごとく認められなかった。

まずは警察庁の科警研によるDNA型鑑定の際、撮影されたネガについて。ネガを焼き付けた際、一部が切り取られており、その外側に写っているのが真犯人のDNA型だと弁護団は主張したが、裁判所は「エキストラバンド」（撮影時の誤影）だと認定した。

しかし、足利事件の再審の過程でMCT118検査法の鑑定能力の不備が広く認識されたことを受け、飯塚事件でも、その証明力を「確定判決の段階より慎重に評価すべき」と踏み込んでいた。

徳田弁護士
このDNA鑑定はそのまま証拠として採用することには疑問が生じたと。しかしこの証拠が仮になかったとしても、目撃証言があると。
そしてここからですけど、なおと言って、被害者の着衣から、マツダのシートに使われる繊維が出てくるとか、いろんな証拠をずっと並べて、私から見ると取るに足らない証拠を並べて、これらを総合すれば、久間さんが犯人であることは、疑う余地がないという形になっているわけですよ。

検察はこの再審請求審に、目撃証言について新たな捜査報告書を提出していた。開示された捜査報告書では目撃者の証言を三月九日としていたが、実際には聴取はその五日前の三月四日にも行われており、このときは目撃者と八丁峠に同行して実際に現場を確認しながら、目撃した不審車両や人物像について聴き取ったという。

つまり、目撃証言の日付が「三月九日」から「三月四日」に繰り上がったのである。

これを受けて、地裁の決定では目撃証人が〈警察官によって何らかの誘導を受けた可能性は全く存在しない〉とした。

捜査員が久間の車を実際に確認する以前に、目撃者と実際に現場に同行して二週間前の記憶を喚起しながらより詳しい証言を得ることができており、証言内容は警察官の誘導によるものではない、というのである。

徳田弁護士

検察のほうがですね、三月七日に見に行ったということで、これは大変なことになったということで、あわてて三月四日の報告書があるっていうのを出してきたんですよ。そのあとで。

三月四日にはすでに後輪がダブルタイヤだっていうのが出ている。

つまり、七日に見に行く前に後輪ダブルタイヤだってのが出ているんだから、その部分は少なくとも誘導ではないんじゃないかという問題が出てくるんじゃないかということですよね。


この日、会見にのぞんだ岩田弁護士は弁護団としての声明を読み上げている。

「再審請求書の提出から今日まで、四年五ヵ月の審理の過程で、確定判決の柱である、科警研によるDNA鑑定における非倫理的、非科学的な工作、および血液型鑑定の恣意的な判定資料の誤りが決定的に明らかとなり、さらには、確定判決のもうひとつの柱である目撃証言が、取調捜査官の誘導によって作成されたものであることまでもが明らかになっていただけに、本日の決定はまったく予想外の許しがたい暴挙というものであり、断じて許すことはできない」

西日本新聞の宮崎はすでに現場を離れて社会部デスクになっていたが、個人として弁護団の記者会見に立ち会った。会場の最後列に隠れるように座ったという。

宮崎は一審判決のときと同様に、「再審請求審が認められるかもしれない」という恐怖心と闘っていた。

宮崎元記者

棄却だったんで、正直言ってホッとしました。ダブルタイヤの目撃証言もあるし、繊維鑑定もあるし、車の血痕もあるし、判決で、久間三千年被告が犯人であるという認定は、ボクのなかでは、一定程度の説得力。確証はないですよ。だけど。そうだよな、ほかにはいないよなと。

傍示にとっては、再審請求審の「棄却」決定は予想していた通りだった。しかし、その中身が問題だった。一審の死刑判決が、その根拠のひとつとしていたDNA型鑑定を、「確定判決の段階より慎重に評価すべき」としたこと。それが傍示に、強い衝撃を与えていた。しかも決定では、「情況事実は、いずれも単独では事件本人（久間）を犯人と断定することができない」とまで言っている。

傍示元サブキャップ

DNA（型鑑定）そのものというのを事実上却下したというかですね、あれは衝撃

遺体発見現場に立つ傍示氏

でしたね。ここにいわゆる証拠価値がないという認定をしたことですね。でもそこくらいからですね、やっぱり自分の中にあった安堵感よりも、もしかしたら真犯人がいるんじゃないかという疑問が大きくなっていったんですね。

で、この裁判どこか間違っているんじゃないか、もしかしたら冤罪という可能性もあるんじゃないかという思いがどんどんどんどん膨らんでいったのは事実ですね。だってもともとDNA鑑定から始まったんですよ。この事件の捜査というのはですね。最初、最大の柱だと思っていた部分が、全面否定されたというかね。自分の中で大きな柱がポキッと折れたような部分がありましたね。

——西日本新聞のスクープの柱でもあった？

ありましたね。とくに「重要参考人浮かぶ」と書いたときは、基本的にはDNAしかないようなところがあったわけですからね。

地元紙のプライドをかけて、事件に関する報道をリードしていた西日本新聞にとっても、この決定は打撃となった。

「重要参考人浮かぶ」とした一九九二年八月一六日のスクープ記事は、DNA型鑑定の一致を最大の根拠としていた。それが犯人断定の根拠にならないのだとすれば、自分たちの報道はなんだったのか。

事件から三〇年近くが経ち、傍示と宮崎は連れ立って、八丁峠の死体遺棄の現場を訪れた。被害者の女児を弔う地蔵には供え物はなく、手向けられた花も枯れていた。

宮崎元記者

七歳の女の子二人が、亡くなった二人が、真っ暗ななかで、この沢の音だけが聞こえる、そういう状況で、二人の女の子が真っ暗な夜を、誰も気づかれずにいたんだなというのを考えるというか、感じる。

傍示元サブキャップ

こんな事件て、ほんとないですよね。もちろん、司法手続きの上では決着して、いわゆる犯人とされる人物も死刑執行されているわけですけど、ここまでやっぱり、そうじゃないんじゃないかという思いを持つ人たちがいまだに真実を求めて追求してるなかで、たぶん、この二人の魂も、まだどっかでその辺をさまよっているんじゃないかなという気がしますね。もちろん殺されたこと自体無念だったと思うんですけど。

そういう意味じゃボクらもまだまだ報道はやめられないなって。

飯塚事件は、傍示に重い宿題を残していた。

9 調査報道

福岡地裁での再審棄却決定から三年後、傍示はある決意を固める。

傍示元サブキャップ

やっぱりそれは二〇一七年の六月に私が編集局長になったということですね。同時に宮崎昌治が社会部長になった、なったというより私がしたんですけどね。

自分がやっぱりね、編集局長という権限を持ち得たことによって、ずっと膨らんできた疑問というのを、どうしたら払拭できるかということをずっと考えていたんですけども、納得できないんだから、納得できるまでゼロベースで、この事件というのはいったいなんだったのか、調査報道でもう一回検証してみたいと思ったわけですね。

宮崎が社会部長だからこそこれはできると思ったんですけどね。同じ痛みというのを共有している男ですから。ボク以上に痛みを持ってる男なんで、もしかしたら反対するかもしれない。

だけど、俺が局長でお前が社会部長だからこそできる、これは検証キャンペーンだと、やるぞということで、彼も同意してくれまして、じゃあどういう取材班を組むかというのも、本当に局長になってすぐくらいからそういう議論を始めていったんですけどね。


西日本新聞は、事件の検証に動き出した。

最初の課題は、新任の編集局長の肝いりで始めるこの検証記事企画の取材を、誰に担当させるか、ということである。

場合によっては、過去の自社の記事の問題点をえぐり、上司の仕事に疑問を呈することにもなりかねない。

記者としての取材力はもちろん、ある種のバランス感覚、そして社内の上下関係に臆することのない肝の太さも必要だ。

傍示元サブキャップ

誰にやらせるかということを、この事件に、ボクは先入観がない人間がいいなと思ったんです。つまり、捜査とか裁判にまったく関与していなかった人間、つまり、ほとんど一読者としてしかこの事件を見てこなかった記者が一番適任だと思ったときに、まさにいたわけですよね、調査報道では手練《てだ》れの中島邦之というですね。これは、この事件にはまったく関与していなかったんで。

やれと、キャップとしてやれということをボクは言ったわけですけど。

――反応は？

「なんで俺がやらないかんのですか」と。

傍示が指名した中島邦之編集委員は、西日本新聞で数々の社会問題の取材に取り組み、その取材力と経験を認められる存在だった。しかも、いわゆる「サツ回り」や司法担当の経験がなかった。

一九九二年の飯塚事件発生当初は都市圏部に在籍し、環境問題などの取材にあたっていた。その後社会部に移り、一九九八年には傍示、宮崎らとともに「犯罪被害者の人権を考える」シリーズの取材班に加わっている。介護など社会保障問題の取材に力を入れたあと、東京報道部に移った。

東京では、当時やはり東京報道部にいた宮崎と組んで、ＮＨＫのニュース報道の一部にやらせがあったとする月刊誌記事に対する名誉棄損訴訟の検証取材にも当たっている。その後長崎総局、沖縄支局長などを経験し、基地問題、安保法制などに取材対象を広げていた。

中島邦之編集委員

しかしまあ簡単に受けるわけにはいかないですよね、そりゃ。すでに死刑になっている人が、無罪だなんかということが、簡単に取材で突き止められるわけもないし、そこまでは私もバカではないと思っていますので。

傍示元サブキャップ

それからは説得を重ねて、まあ、その気になったと思ったら、「一人じゃできません」と。「こいつをボクにつけてくれるんだったらやります」と言って、中原という記者を指名してきたわけですね。

到底ね、そんなことできないだろうから、私を試したのかもしれないが、もう社会部から異動していたんですよ。北九州本社にですね。

異動した直後だったんですよ。異動した直後の人間を呼び戻せるなんてたぶん中島も思っていなかったと思いますし、そこで念を押してですね、「中原を呼んだら、お前本当にやるんだな」と言ったら、「やりますよ」と言うから、分かった、じゃあ呼

西日本新聞・中島邦之編集委員

び戻すと言って、次の人事異動で強引にまた社会部に戻しまして。

中島が指名したのは、中原興平記者だった。一九七九年生まれで、この時点で三八歳。中津支局長、大村支局長などを経験し、二〇一三年から福岡の報道センターに戻っていた。

中島とは二〇一五年に「戦争報道と平和」という連載記事でチームを組み、安保法制改定前の報道機関のあり方について取材、考察した経験があり、中島はその取材力に強い印象を受けていた。

中原は二〇一七年八月の人事で福岡の社会部から北九州本社に異動したばかりだったが、その人事はわずか八ヵ月で覆された。

翌年四月一日、中原はふたたび福岡本社報道センター勤務となった。

中原興平記者

えらいことになったなと思いました。中島先輩がやるということを聞いたときに、通り一遍のことをやるわけがない。通り一遍のことだったらほかの奴がやれるわけですから。そうじゃなくて、これはどこまでやるということを言っているのかなと。

西日本新聞・中原興平記者

すでに「死刑」が確定し、執行された事件を再度検証するということは、必然的に「死刑」という判決が本当に正しかったのかを問うていくことになる。
社会部長となり、連載記事に責任を持つ立場となった宮崎にとってそれは、二五年前に自分が取材したスクープの当否を問われることでもあった。

宮崎元記者

ボクは裁かれる立場だと思ってたんで、中島さんと中原記者の取材は、ボクにとって。ボクは被告だと思っていたんで。
彼らは彼らで、事後的な取材によってこれは冤罪ではないかという疑問を突きつけていったわけですけど、ボクは、確証はないけど、シロであるというまでは思えていないので、自分が当時、警察取材だけで書きつづけてきたボクの事件記事、報道自体も彼らによってある意味裁かれていったんだと思うんで。

飯塚事件の検証に取り組みはじめた中島、中原がまず注目したのが、女児連れ去り現場とされる三差路での目撃証言である。

この事件ではいくつかの目撃証言があるが、前述した通り、甘木市の八丁峠の山中で不審な車と中年男を見たという森林組合職員の証言が、久間に結び付くものとしてまず注目された。

さらに、一九九二年二月二〇日の朝八時半、二人の女児が誘拐されたと見られる飯塚市の三差路付近でも、いくつかの目撃証言があった。

一人目は、現場近くの農協に勤める女性。八時半ころ、二人の女児が歩いているのを見た。二人は、学校に遅刻しているはずなのに急ぐ様子がなく、「妙にだらだらと歩いていた」。

二人目は、女性と農協で同僚の職員。問題の三差路を三分後に通過したが、二人の女児を目撃していない。

さらに三差路をはさんで農協の女性と対向する形で建設業の男性が二名、その二人と待ち合わせをしていた造園業の男性がいた。

中原記者

二人の女の子が行方不明になった日の八時半ごろにですね、通学路上の三差路、この三差路で、一人の女性が、会社に出勤している途中の一人の女性が、その二人の女の子を目撃したということがありました。この女性が車で通勤している最中に、二人の女の子、ランドセルを背負っている二人の女の子を見たと。それが八時半ごろの出来事です。

その三分後、その女性が通った三分後に、この女性の同僚が同じようなルートで出勤をするんですが、そのときにはこの女の子たちの姿はなかった、見なかった。いなかったと。その同僚の女性が証言している。

その後、この位置にいた男性が、元死刑囚の車の特徴によく似たワゴン車が走り去っているのを見ている。これが拉致現場における、元死刑囚の（車の）特徴に似た車の目撃供述。

そのときには、この男性も、この二人の女の子は見なかったと話しています。

中島編集委員

判決文をよく読んでみると、起点として、潤野の通学路沿いの三差路がきちんと書かれているわけです。

そして起点としてあって、女児を誘拐し、殺害し、遺体や遺留品を八丁峠で棄てたと。ここが終点。事件のですね。起点と終点。

三差路での目撃証言を検証する

　その判決文を読み込むなかで、ああこの部分もあるじゃないか、と。いつどこで誘拐されたのか。殺害されてしまったのはどこなのか、いつなのか。こういうものが、当然真犯人の自供がないわけですから、非常に曖昧なんですよね。そこが曖昧だと、場合によっては一一時の、八丁峠における目撃っていうのが意味を持たなくなるかもしれないわけですよね。


　建設業の二人は、それぞれ白いスカイラインと灰色のトヨタ・タウンエースに乗り、現場に到着していた。この場所で造園業の男性と落ち合い、クレーンを装備したトラックを借り受ける約束になっていた。

　タウンエースが前、スカイラインが後ろという態勢で駐車し、タウンエースに乗っていた男性が車を降りて後方に歩きかけたところで、ワンボックスカーがかなりのスピードを出して三差路のほうから走ってきたという。

　ワンボックスカーは男性の背中越しに右横をすり抜け、南の潤野小学校の方向に向かって走り去った。

「デタラメな運転だな、と思った」と建設業の男性は証言している。

　二人にトラックを貸す約束をしていた造園業の男性はこのとき、付近の民家で造園工事

をしていたが、建設業の男性から、

「いま轢《ひ》かれそうになった！」

と言われたので目をやると、ワンボックスカーが南の方角に走り去るのが見えたという。

事件から五ヵ月後、三差路で不審な車を目撃した建設業の男性と造園業者に警察の事情聴取が行われた。

目撃した車の特徴について、建設業の男性は「黒っぽい色のワンボックスカー」と答えた。一方、造園業の男性は「濃い紺色のワンボックスカー」と同じような車種を挙げたうえで、さらに詳細な特徴を述べた。

中島編集委員

——目撃証言の内容は？

濃い紺色のワンボックスカーだった、後輪がダブルタイヤだった、八年から一〇年経った古い型であった、窓の横に色褪せた灰色みたいなカーテンがしてあった。これがですね、通常の日常のなかでたまたま見た車なわけですよね。それが何秒か、おそらく一〇秒も見ていないと思いますよ。どんな見ても。しかもそんな凝視するような必然性もないんですよね。この人にですね。

――何の因果関係もない？

はい。

この造園業者の目撃証言は捜査段階から公判へと時を経るごとに詳細になっていった。「横窓にかかっていたのはマツダ純正のカーテン」「後ろの窓に黒いフィルム」「車体サイドにモール」「マツダ・ボンゴとはっきり分かった」。

いずれも最初の警察官の調書では証言していない内容だった。

中島と中原はこの証言の信憑性《しんぴょうせい》を確かめるため、目撃されたのと同じマツダ・ボンゴ車を山口県内のレンタカー店でようやく見つけ出して、借り出した。

目撃者はダブルタイヤであることが分かったと話しているが、ごく短時間にそこまで視認することが可能なのか。実際に現場でワゴン車を走らせてみると、ワゴン車が走り去った潤野小学校へ向かう道にはガードレールがあり、目撃者が立っていた場所からタイヤをはっきり視認することができない。

ガードレールが途切れたところで、タイヤの形状を確認することはできなくはないが、よほど視線を集中しなければ困難に思えた。

本当にダブルタイヤを見たのか——中島と中原の二人は、この目撃者に直接話を聞きたいと考えた。

しかし、事件からすでに二五年以上が経過しており、当時の住所にはもう住んでいなかった。

中原記者が登記簿などを数限りなく取り寄せて探したがなかなか見つからない。ようやく官報に破産した人物として記載があるのを発見し、喜び勇んで熊本の阿蘇まで会いに行ったが、それは同姓同名の別人だと分かり、取材は空振りに終わる。

気を取り直して目撃者の知人などに当たっていくと、現在の住所を知る人物に偶然会うことができた。目撃者は九州ではなく、山陰地方のある町に住んでいるという。

住所を摑むまでに一年以上の時間が経過していた。

しかし、実際に地図を当たってみると、その住所は実在しないものだった。しかし、知人がわざわざ嘘の住所を教えることはないだろう。中島と中原は、実際に足を運び、周辺を歩いて探すしかないと意を決した。

中原記者

こっちも土地鑑ありませんから。二人で地図を見たりして手分けしたりして、ずっと歩くんですが、全然誰も知らないんですよね。ほかの関係がありそうなところにちょっと行って、もう少し山奥にありそうだという話があったのでそうしたりとか、あるいは関係する施設をローラー的に、また、町をまたいで歩いたり。

中島編集委員

どうしようか、中原と二人でですね。ちょっと頭を冷やすためにコーヒーでも飲むかということで喫茶店に入って話をしているなかで、そこの喫茶店のママさんに、こういう人を探しているんですよというふうな話をしたら、「ああその人なら、つい最近までウチの二階におったとよ」というふうなね。

それで私と中原は多分そのとき立ち上がっていると思いますね。ええという驚きで。嬉しさと驚きで。

中原記者

その方を拝みたくなりました。ほんとにそんな気持ちでしたね。天使のように見えました。

いくつかの幸運と、執念の取材のすえ、二人は目撃証人に接触することに成功する。証人は、高齢者施設で働いていた。男性は二人の取材を避けたり、拒むことなく、自然に対応したという。

中原記者

非常に気さくにですね、うんうんという感じでしたね。

――逃げようとかは？

全然なかったですね。全然なくてですね、普通はもうちょっと警戒されるのが当たり前じゃないですか。何が聞きたいんだ君たちはと、蒸し返すような真似して、というようなことを言うのが当たり前、というか当然なんですけど、その方は全然そういうことはなくて。

目撃者への取材は三日間に分けて連載記事にまとめられた。

〈「重要証人」を捜し当てた

親戚や知人を訪ね歩き、か細い糸をたどってようやく捜し当てた「重要証人」は、中国地方の山あいの町にいた。高齢者施設で働くIさん（66）に、仕事の後、会うことができた。

（中略）偶然見かけた車の特徴を、なぜ5カ月後も詳しく覚えていたのか。「私は人一倍、車の知識が豊富でした」「視力が2・0で遠くもよく見えた」。（中略）

一審で「不審車両を見た」と証言した区間は、道路脇のガードレールで視界が遮られることのない範囲だった。二審ではなぜか、視界が遮られる範囲へと証言を変えた。裁判長からも矛盾を指摘されたが、二審での証言が正しいと何度も説明している。

理由を問うと「車は時速40キロほどで走ってました。『この区間を走るのを見た』とか言えるわけがない」〉

〈取材班による再現実験ではガードレールが視界を遮り、タイヤの形状を見極めるのは容易ではなかった。警察の誘導だったのではないのか——。

「いや、見えましたよ。2本のタイヤの間に隙間があるから、ダブルタイヤはすぐに分かる。先入観でも何でもない。ガードレールにブラインドされることはないです」。Iさんの表情は自信に満ちていた〉

男性は長時間にわたって中島と中原の取材に対応し、当時の警察の取り調べについても細かく説明した。
その態度は落ち着いていて、事実をごまかそうとしたり、嘘を言ったりする様子は見受けられなかった。

中島編集委員
普通だったら、経験上、プレッシャーがかかって、嘘をついていたらですよ。手が震えたり、頬がピクピクと痙攣《けいれん》したり、そういう人を少なからず見てきているわけですよ。そういう面から、そういう経験を踏まえて彼を評価すると、なんの心のゆらぎもない。説明に。そう思わざるを得ないという。

中原記者
趣旨としては見ましたよ、ダブルタイヤは見た。そしてその覚えていたのは、自分がそうした車を購入したいと思っていたからだと。購入したいと考えていた、検討していたというような趣旨の話ですね。
それについてはその、これまでの記録では、その方が、自分が覚えていた理由、覚えていた事情として、自分が買いたいと思っていた、ほしいと思っていたというようなことは仰らなかったので、仰っていないんですよね、それまで。なのでそのときはじめて出てきた話なので、え、そんなことこれまで言ってなかったわけですから、それについてはまあ、なんでかな、というふうには思いましたけどね。

事前の取材で、男性について「頭の回転が速く、記憶力が抜群」だという人物評を聞いていたが、その通りの印象だったという。

男性は、警察の取り調べで「誘導」に近い質問があったとも明かしている。

〈「警察の質問は番号のことばっかりやった。ナンバーの数字に1、6、9があったろうがと、決めつけるわけです」。「誘導を受けたのか?」と、思わず問い直した。

ーさんは、まず「車のナンバーは何番だったか」と尋ねられたという。「見ちょらん」と答えると「1、6、9があっただろ」と具体的な数字を挙げて問われた。「何回も同じ話を聴くのが警察独特の手法。刑事が1回来たら、10回ぐらい番号のことを聴いてきた」

(中略)同年10月6日、捜査員に協力を頼まれ、福岡空港内の県警航空隊の施設へ同行する前にも「1、6、9の数字が入っていただろ」と聴かれたと説明した。

そこには、県警が差し押さえた久間三千年元死刑囚の車が保管されていた。同行は目撃車両と元死刑囚の車が同じものか否かを確認するのが目的。そこで見た車のナンバープレートに、その数字があったという。

「だから警察が誘導しよったんやなと思った。ナンバーは4桁。確か1が二つあった」。本当なのか。にわかには信じられない話だった。裁判記録を確認すると、元死刑囚の車は「筑豊55つ6112」。「2」を「9」と間違えていたが、その他はIさんの言う通りだった〉

中原記者　記事でも書いたんですが、ナンバーを、こういうナンバーだったろうという誘導を警察官にされたという話をされたんですよね。

それはもちろん私たちはそういうことは当然知りませんでしたし、まあ事実か分かりませんよ。その方が仰ったんです。なんですかその話は、と。

趣旨としては、元死刑囚のナンバーを言うように警察が言ってきたという話をその方がされたということです。

中島編集委員

あなたが目撃した車のナンバーはこれこれこれだったでしょというふうに具体的な数字をあげられて、1、6、9がたしか入っとったと。警察官に言われたのは1、6、9だったよなという数字を出してきたんですよ。
あとで、資料で確かめたら一つ違っていたんだけど、久間さんの車というのは筑豊55つ6112なんですよね。彼は警察官からこのナンバーがあっただろうと。目撃した車のナンバーの中に1と6と9があっただろうと。そのうち1は二つあるよなというふうに言われたというふうな話で、2と9は間違えているんだけども、1が二つあることも確かにその通り。

中原記者
一桁ちょっと違ったんですけど、三桁は一緒だったんですよ。そんなことまで覚えている。
我々でも取材でいろいろ勉強して行ったわけですけれどもナンバーをそらで言うことは、ナンバー自体は焦点になっていませんでしたから、少しうろ覚えのところがあって、資料ですぐ確認をして、あ、ほとんどあっていると。なのでこの人の記憶力が非常に豊かである、すごく記憶されている方というのは本当にその通りだろうと。

久間が所有していたワゴン車

中島編集委員
実際に帰ってきてからある捜査員にですね、元捜査員、当時の捜査に関わった人にこの話をぶつけたときに、そんな捜査があるわけないじゃないかと。もし仮にあったとしたらそれはまずすぎるし、もう、顔向けできん、という反応でしたね。それがどうなのかということは、たぶん永遠に分からない。本当なのかどうなのかということは。

——この話も永遠に分からない？
じゃないかと思いますね。彼の頭の中にしかない話だし。

中島と中原の取材に対して、男性の証言内容自体は揺らぐことはなかったが、警察の捜査への疑念は残ったままだった。

10 警察庁長官

死刑判決は、本当に正しかったのか——西日本新聞・傍示編集局長の肝いりで始まった連載「検証　飯塚事件」。

中島と中原は、執念の取材を続けていた。

異例なほど長期にわたって続けられた検証記事は、社内にも波紋を広げていた。

傍示元サブキャップ

役員会の席上で、「傍示、これいつまでやるんだ」と言うから、「いや決めていませんせん」と。

「目的はなんだ」と。「いや、ゼロベースでの検証です」「なにか到達点は見えているのか」「見えていません」。

「だったらさっさと止めろ」と仰ったわけですね。

「いや止められません、止めません」と。

「なんでか。目的のないキャンペーンなんか長々続けるな」ということを言われてね。「いや、まだ止める時期でありませんから、まだ続けます」と。

これ議事録に残っていますので。役員会の。お互いに公式発言なので。

次に中島と中原の二人が注目したのは、帝京大学の石山昱夫教授によるDNA型鑑定の結果である。

事件発生当初、福岡県警の科学捜査研究所、警察庁の科学警察研究所によるDNA型鑑定のあと、石山教授の研究室で行われた鑑定によって遺体から発見されたDNA型は久間とは別人のものという結果が出たことで、福岡地検は逮捕状を請求しなかった。

西日本新聞も一九九二年八月一六日にDNA型鑑定に基づいて「重要参考人浮かぶ」という記事を書いたが、翌年、一転して「DNA鑑定、決め手にならず」「新たな物証や目撃証言もないため、捜査は難航している」と書いている（一九九三年二月一九日付朝刊）。

その後、一九九四年に福岡県警の保守本流と言われた山方泰輔捜査一課長が就任すると、山方一課長が石山教授に直接電話を入れ、その結果石山教授は「試料が劣悪だったため鑑定できなかった可能性がある」と主張を変えた。

しかし、前に触れたように、石山教授は一九九七年三月五日、飯塚事件の一審公判で証言台に立った際には、再び主張を翻した。

警察の進めていたMCT118検査法について「ずさんで技術が低い」と厳しく批判し、「(二種類の方法で鑑定したが)私の鑑定は(別人という結果で)見事に整合した」と証言したのだ。

さらにこのとき、石山教授は別の重要な事実についても口にしていた。

「警察庁の幹部がお見えになって、先生と科警研のデータに食い違いがある、どう説明すればいいだろう、という話でした」

というのである。

中島と中原は、この証言に注目した。

石山教授のもとを訪ねた警察庁の幹部とは誰なのか。その幹部にどんなことを言われたのか。

より具体的な証言を求めて、石山教授の自宅を訪ねた。教授は二人を客間に通し、そのときの警察幹部の話の内容を明かした。

警察幹部は、こう言ったという。

「私たちは犯人だと思っているので、先生の鑑定が出てくると非常に困るんです。妥協してほしい。科学の話をしに来たのではないんです」

石山教授の挙げた名前に、中島と中原は身震いした。

國松孝次・刑事局長だったのである。

中島編集委員　当時の國松さん、その時期の國松さんというのは、新しい捜査の武器、DNA鑑定を全国的に普及をさせていこうとする、そういうDNAの鑑定制度の制度化に向けて、警察庁を引っ張っていって、国会答弁をしたりしながらですね、予算を獲得し、そういう役回りの人ですから。
当然ながらまあその、疑って考えると、その石山さんの鑑定っていうのは、そういう時期の國松さんにとっては、二重の意味でですよ、飯塚事件にとってもありがたくないし、DNA（型鑑定）の制度化にとっても迷惑な存在。

中原記者　ある警察庁の幹部の方が来て、捜査の妨害になると言われましたというような趣旨のことを公判で証言されているんですね。きわめて穏当を欠く発言ですよね、もしあったとしたら。そんなことを出されたら困ると。どこに科学の姿勢があるのかということになりますし。

いわば圧力ともとられかねない、もしそうならですけどね。我々はまあこれは本当なのか、ということで石山さんに取材をした。そうすると、「先生の鑑定が出ると非常に困る」と、ちょっと踏み込んだ形で、言われたんだということを仰ったんですね。

そこで我々が知ったのが、その言った警察庁の幹部というのが、実は警察庁長官になられた、つまりいまからすると元になりますが、國松さん。であったと。非常に力のある方ですから。悪い意味じゃなくてですね。これはまあ、國松さんに取材せざるを得ないと。

刑事局長時代、ＤＮＡ型鑑定を全国の都道府県警に普及させるよう尽力した國松は、その後警察庁次長となり、久間逮捕の直前の一九九四年七月に警察組織二四万人のトップに立つ警察庁長官に就任していた。

長官在任中の一九九五年三月に東京・荒川区の自宅マンション一階の玄関から出たところを何者かに狙撃され、瀕死の重傷を負った。

奇跡的に一命をとりとめ、職務に復帰すると、犯罪被害者対策に取り組んだ。一九九六年二月に「被害者対策要綱」の策定を主導し、犯罪被害者を取り巻く環境改善に尽力して

事件発生当時、遺体発見現場で説明を受ける國松孝次刑事局長

いる。

長官退任後はスイス大使などを務め、「検証　飯塚事件」の連載当時は、公益財団法人犯罪被害救援基金の理事を務めていた。

実は西日本新聞には、その國松と三〇年以上にわたって交流を保ち、信頼関係を構築している幹部がいた。

編集局長の、傍示文昭である。

〈国松孝次さんに初めてお会いしたのは1984年5月だった。当時46歳の国松さんは大分県警本部長に着任した直後。私は西日本新聞社に入社したばかりの新人記者だった。「サツ回り」として頻繁に本部長官舎に夜討ち朝駆けした。単身赴任だった国松さんと一緒に朝食をとるため、パンと牛乳を持参したこともある。未熟で鈍感だった当時の私に、捜査情報を聞き出せるはずもなかったが、酒をついでもらいながらの「人生訓」は貴重だった。(中略)
本社に戻った私は98年1月、社会部の取材班キャップとして「犯罪被害者の人権を考える」というキャンペーンを開始。犯罪被害者であり、「要綱」の策定責任者でもある国松さんを頻繁に訪ねた。1年4カ月に及んだシリーズ記事は、国松さんの知見や体験なしにはあり得なかった。

国松さんにはシリーズごとにアドバイスをいただいたが、何度も読み返してきた一通の手紙が今も手元にある。座右の銘としてきた助言だ。

「犯罪被害者問題に関するシリーズ記事、いつも大変興味深く読ませていただいており、苦労の跡がしのばれる取材に感服しています。ただ、犯罪被害者の救済は息の長い対応を必要とします。目に見える成果が出て来るまでご努力をお願いします」

（日本記者クラブ編「取材ノート」二〇一六年一〇月　傍示文昭　西日本新聞社東京支社編集長）

石山教授に対して「きわめて穏当を欠く」発言をしたと疑われる國松元警察庁長官。その國松は、よりによって「検証　飯塚事件」を発案した当人である傍示と交流があった。さらに、かつては西日本新聞の連載企画の〝アドバイザー〟でもあった。

傍示とともに「犯罪被害者」の連載を担当した中島にとっても、この取材は「國松に弓を引くことになる」という葛藤があった。

しかし、話を聞いた傍示は中島と中原に國松の連絡先を教え、「俺の名前を出して手紙を書け」と伝えたという。

國松からは、まもなく返事があった。

「（傍示とは）古い付き合いですから、むげに断れない」としながらも、國松は露骨に不満そうだった。

中原記者

國松さんにとっては、聞き方によっては非常に不愉快な話ですからね。自分が圧力をかけたって君は聞きに来ているのかって。全然怒ってもおかしくないですよね。人間の心の動きとして。

でもここまで来ている以上聞かざるを得ないし、聞くべきだと取材班のなかで話をしてですね。まず手紙を出そうと。それで取材班の一人が手紙を書いたんですけれども、返ってきた、まあメールで返ってきたんですが、まあお怒りなわけですね。

文言はあれですけど非常に不愉快ですよね、と。はっきりと怒りが伝わってくる文面で。文面で怒りが伝わってくるということは非常にお怒りだったということでしょうから。

中島編集委員

ただひとつだけ確認させてほしいと。石山さんは、さっき、お話ししたようなですね、あなたの鑑定は迷惑なんだと。妥協できないかというようなことを、我々の取材に対して、証言していると。それは本当なのかどうなのか、このことだけは確認させてくれませんかというメールを返したんですよね。
そうすると、國松さんからまたメールで返事が返ってきて、あなたは石山さんに取材に行ってそういう話を聴いたんですかと。なぜ突然いまごろそういうことを言ってくるのか私は不思議だったけれども、それでその疑問が氷解しましたと。石山さんがそういうことを言っている以上、私としての言い分もあるから、取材を受けましょう、というメールが返ってきた。

手紙とメールのやり取りの結果、東京で國松の取材が実現した。國松の眼光は衰えを感じさせず、表情は険しかった。

中原記者
うーん、非常にこの、何ていうんでしょう、べらんめえな口調というと失礼になるんですかね、率直な物言いを（する）、非常に率直な人柄。持って回ったようなところはないし。竹を割ったような性格。はっきりといろんなことに答えてくださったなという感じですね。

――まず顔を合わせてどんなことが？

これは完全に記憶ベースですけど、「本当は嫌なんだよ」というようなことを仰った気がしますね。

〈「個別の事件に口を出すことは絶対にあり得ない」。4月26日、東京都内で取材に応じたその人物の表情は険しかった。第16代警察庁長官、国松孝次さん（80）。（中略）

帝京大名誉教授の石山昱夫氏（87）からその名を聞き、1月と4月に手紙を送った。2通目を送った3日後、メールで返事が届いた。（中略）

相対した国松さんは、石山氏を訪ねたことをあっさりと認めた。目的は何か。石山氏が言うように、鑑定に対する圧力だったのか。「四半世紀も昔の話。具体的なやりとりは全く覚えていないが……」。腕を組み、遠くを見やる。訪問は刑事局長時代。福岡県警が石山氏に鑑定を依頼した92年7月から、警察庁次長になる翌93年9月の間だろうという。当時、警察庁にとってDNA型鑑定の普及は重要課題だった。

警察庁科学警察研究所が開発したばかりのMCT118法に、石山氏は批判的だったという。訪問は「鑑定制度の話をするのが目的だったと思う。MCT普及の障害になっていた先生の協力を得るためだったはずだ」と説明。妥協を迫られたとする石山氏の証言には「科学鑑定は客観的なもの。ねじ曲げろといっても意味がないし、言うはずない」と強く否定した。

（中略）「圧力」については繰り返し否定した。その上でこうも言った。「事件のことは頭にあるから、ひょっとしたら飯塚事件について妥協してくれと言っているように受け取られたかもしれない」〉

（西日本新聞「検証　飯塚事件」捜査編第2部〈4〉二〇一八年六月二五日付）

中島編集委員

自分が石山さんに圧力をかけたということについては繰り返し否定をしたと。そのうえでこうも語った。カギカッコで、事件のことは、飯塚事件のことですね、頭にあるから、ひょっとしたら飯塚事件について妥協してくれと言っているように受け取られたかもしれないと。この発言がまずあるんですよね。

中原記者

ＤＮＡ型鑑定のＭＣＴ１１８法という手法を、全国の警察で導入していこうと。それについて、DNA型鑑定の権威の一人である、石山さんに協力を求めに行ったんだと。

理解を求めに行ったと。

中島編集委員

もうひとつの注目した発言というのは、DNA鑑定は、客観的に結果が出るんだと。DNAがあるならあるし、ないならないんだと。石山さん、石山鑑定についてですね、妥協しろと言うほどボクは不見識な男ではない。ただこうも言っているんですね。

「公式的な訪問でもなければ、二人きりの会話で記録もない。飯塚事件の『い』の字も出なかったとは言えない。そこはこちらの弱いところだな」と。

本心じゃないかというふうに私は思いました。彼の本心。

本心というのは、圧力をかけようと思ったかどうかは分かりませんよ。そこは。分からないんだけれども、そういうふうに思われることは当然だし、君たちがそういうふうなことを言うのも、当然だろうと。

現場を訪れた國松刑事局長

〈元警察庁長官、国松孝次さん（80）への取材は1時間半に及んだ。（中略）改めて質問した。石山氏に圧力をかける意図はなかったのか――。「鑑定は客観的に結果が出る。DNAがあるならあるし、ないならない。妥協しろと言うほど僕は不見識な男ではない」。四半世紀前の具体的なやりとりなど、全く覚えていないと国松さんは繰り返した。「公式的な訪問でもなければ、2人きりの会話で記録もない。飯塚事件の『い』の字も出なかったとは言えない。そこはこちらの弱いところだな」〉

（西日本新聞「検証　飯塚事件」捜査編第2部〈5〉二〇一八年六月二六日付）

國松は二人の取材に対し、当時MCT118検査法に対する評価は警察庁内でも低く、まだ萌芽《ほうが》状態の技術で、「指紋と同じなんて言っていたがそんな精度はなかった」とも明かしている。少ない予算、乏しい設備で研究する科学警察研究所を支援するため、大蔵省（当時）を説得して予算を獲得することに尽力したと話した。

中原記者
石山さんが言っていることは、石山さんは自信をもって、あらためて行っても仰る。公判だけじゃなくて、公判でもきっちり仰って、また仰る。

それを言ったら國松さんはそんなことはないと仰っている。

取材に行かなかったら、この人（石山教授）が言っているだけだったんですね。違うというだろうけど、それは分からない。でも二人とも自信を持って、当時から時間が経っても自信をもって仰る。二人とも、それぞれの分野できちんと仕事をしてきた方ではある。適当な人ではないわけですよね。

この意味がなんなのかということだと思いますよ。ここから先は、推定ですよね。藪の中じゃないですか。どっちかが正しいんでしょうけどね。そこは私たちの立場では分かりませんね。

その二人でしか分からないんじゃないですか。

二〇一八年二月に始まった「検証　飯塚事件」の連載は八三回を数え、足かけ二年に及んだ。

中原と中島は、あらゆる資料を読み、法廷記録を調べ上げて、徹底した検証を行った。不審車両の目撃者の供述調書を作成した元捜査員の自宅を訪ね、「証言を誘導したのか」と切り込んだ。

二人の女児の遺体の解剖に立ち合った検視官に、胃の内容物と消化具合についても聞いている。それによって、判決で認定された死亡推定時刻が妥当なものかどうか、検証しようと試みた。

また、事件直後に報じられた「黒い高級車」の行方を追った。事件当日の朝、二女児が行方不明になった現場の近くで黒い大型乗用車が目撃され、女児二人が助けを求めるように乗っていたというのだ。捜査当局はこの車を目撃したと証言している人物に繰り返し事情を聴き、現場周辺の聞き込みを繰り返したが、車種がはっきりせず、車の特定には至らなかった。

中原と中島は、事件直後、不審車両の目撃情報がかなりの数にのぼっていたという捜査員の証言を引き出している。

連載開始当初、中島が予感していたように、冤罪なのか否かを「簡単に取材で突き止められるわけもない」が、真相に迫るために文字通り全力を尽くした。

連載は二〇一九年六月、以下の言葉で締めくくられている。

〈早すぎる刑の執行から10年余。捜査や司法判断への疑念は拭えない。真実究明に必要な証拠をきちんと開示し、審理を尽くすことこそが、信頼される刑事司法への近道だと思う。その一助とするべく、検証取材を継続したい〉

（西日本新聞「検証　飯塚事件」目撃供述を追う〈23完〉二〇一九年六月二二日付）

長期にわたる取材に取り組んだ中島は、こう振り返る。

中島編集委員
――久間は有罪？　無罪？　無実？　現時点でどういう考えに達している？

難しい質問ですよね。久間さんが真犯人なのか、そうではないのか、無実なのかというのは分かりませんよね。それはもう。神様でもない限り。知りたいですけれども。

しかし、裁判の世界においてはですね、当たり前のことですけれども、証拠が不十分なら、無罪になるんですよ。無罪にならなければいけないんですよね。疑わしきは被告人の利益になるんですよ。

それでいえば、その基準に照らせばですね、死刑にするだけの、十分な証拠があるとは思えない。

裁判所は、司法っていうのは信頼できるんだと。任せておけば大丈夫なんだと。いうふうに暢気《のんき》に思ってきたけども、そうではないと。やはりこのことこそ、社会に知らせるべきだし、知ってもらわなければいけない。それこそが我々の使命なんだと思っています。

11 終わりなき闘い

徳田靖之、岩田務両弁護士を中心に結成された飯塚事件の再審請求弁護団は精力的に新証拠や鑑定書を提出し、再審への道を開こうと奮闘したが、裁判所の判断は厳しいものだった。

二〇一八年二月六日――福岡高裁の決定
〈主文　本件即時抗告を棄却する〉
〈原決定は、MCT118型鑑定を除く情況事実の検討を行い、事件本人が犯人であることについて合理的な疑いを超えた高度の立証がなされていると判断しているが、かかる原判決の認定は正当として是認することができる〉
〈これらの情況事実は、いずれも単独では事件本人を犯人と断定することができるものではないが、それぞれ独立した証拠によって認められ、事件本人が犯人であることが重層的に絞り込まれているのである〉

二〇二一年四月二一日——最高裁決定

〈主文　本件抗告を棄却する〉

〈新証拠によって（中略）目撃供述の信用性が否定されたとはいえず、犯人と事件本人のＭＣＴ１１８型鑑定が一致したことを除いたその余の情況事実を総合した場合であっても、事件本人が犯人であることについて合理的な疑いを超えた高度の立証がされており、新証拠はいずれも確定判決の認定に合理的な疑いを生じさせるものではないという原々決定の判断を是認した原決定の判断は、正当である〉

〈よって、刑訴法４３４条、４２６条１項により、裁判官全員一致の意見で、主文のとおり決定する。

（裁判長裁判官　小池　裕　裁判官　池上政幸　木澤克之　山口　厚　深山卓也）〉

弁護団は再審請求審に二〇〇ページにのぼる主張を提出していたが、最高裁から届いた書面はわずか六ページだった。

二〇一八年の福岡高裁による決定とほとんど変わらない文面で、最高裁として何らかの独自の判断をした形跡は見当たらなかった。

記者会見——岩田弁護士

昨日私の事務所に届きました。読んだときの感想はですね、なんだこれはという。とても最高裁が出した裁判（決定）というふうに思えませんでした。

裁判したふりというか、やったふりの判決だったと思います。

記者会見——徳田弁護士

一人の命を国家が奪ったかもしれない。無辜《むこ》の人の命を奪ったかもしれないという事件が問われている。その事件を判断するにあたって、この程度の理由しか示せないのかというのが率直な感想なんですね。

我々が提起したいろんな論点に対して、ことごとく論破されたのであれば、私たちなりに、これはもう一回考えなおさなければいけないなという形で受け止めることも可能なんですけれど、これを読んでですね、これはなんと言っていいのか、最高裁の決定、良識ある裁判官が書いた文章とは到底思えないなというのが私の印象ですね。

そういう意味で、呆れたと申し上げていいかなという感じがします。

五人の裁判官の全員一致と書いてありますけど、五人の最高裁判事の皆さん、あなた方はこんなことをしていて恥ずかしくないですかと言いたいですよね。

最高裁の決定は、弁護団を納得させるにはほど遠い内容だった。

弁護団は第二次再審請求を申し立てることを決意する。

事件から三〇年が経ち、これまでのＤＮＡ型鑑定や八丁峠の目撃証言とは異なる「新証拠」を集めて、もう一度福岡地裁に申し立てるところから始めることになる。

岩田弁護士

――また一〇年かかったら？

いやもうそれは、生きてないから。平均寿命をはるかに超えてしまうんで。まあ自分が死んでからも続いていくようにというあれもあるかもしれないね。そういう課題もあるかもしれない。

日本の再審法制とかが変わらんと、という話があるから。そんな時代まで生きていけるかなという気が。

事件から三〇年が経ったいま、関わった人たちは何を思うのか。

第二次再審請求を準備する岩田弁護士

宮崎元記者

ペンを持ったおまわりさんという言葉があるんですけど、ペンを持ったおまわりさんにはなるなと、よく言われるんですけどね。だけど、(私は)ペンを持ったおまわりさんでした。剣じゃなくて、ペンを持ったおまわりさんでした。だけどそれが、そのときにスタートした。ここで。あの日の夜の雪と、ご遺族の慟哭と、ナマで僕ら、当時知っていて、始まったんですけど、最後に、久間三千年という人が執行されるところまでいって、確証のなさとか、だけどシロとも言い切れないとかいろんな想いがありますけど、ジャーナリストとして学んだことがあるとすれば、どこかひとつの正義に寄りかかるんじゃなくて常に、いろんな人の正義を相対化して、という視点で取材して記事を書く、という考えに至ったんですよね。

だから、その後に、一九九二年八月のあの、「重要参考人浮かぶ」の記事を、いまの私とか、久間さんが執行されたあとの私だったら止めてたんじゃないかなと。

――止めていた?

うん。

小山元刑事

――久間さんが犯人だという最大の心証は？

もうこの手の事件が起きていないいちゅうことでしょう。その後。なんら、証拠になるようなことじゃないですよ。

裏付けになるようなことではないですけど、私が思うとは、その後は、この手の事件があってないやないかと。そういうこと。なんら、それがなんら、あんたのものの考えで、裏付けじゃないじゃないですかと言われるかも分からんけど、刑事としては、たぶんこの手の事件はまた起きると。

もうあれから三十何年経ったけど、あってないじゃないですか。

久間三千年の妻

私も警察のなかにまだ正義はあると思っているのでね、心の隅には、警察のなかにはまだ正義があると思っているので、それが私たちをいつか助けてくれると思っています。

――信じたいという部分がある？

警察に対して？　それはありますよね。やっぱり生まれてからずっと大きくなるまで警察を信じてきましたもんね。警察は私たちの味方だと思っているから。信じてきたのでね。

個人的にはね、ウチに来られた刑事さんたちもすごく話していていい方なんですよね。警察の本当の正義の声がほしいです。私たちが警察を頼らなくてね、誰に頼ったらいいのか分からないじゃないですか。

警察はいつも弱いものの味方をしてくれてたんだから。

傍示元サブキャップ 実際真実っていったいなんなのかって知りたいですけれども、はっきり言って、その可能性はきわめて低くなっているんでですね。

——真実は分からない？

というか、少なくとも、久間さんは、なんにも喋っていないわけですよね。じゃあいったいこの事件はなんだったんだ。真犯人は、少なくとも司法の認定は久間三千年になっているわけであって、それしかいま事実としては残っていないんですよね。

ほかに真犯人が仮にいるとしても、それはまったく想像の世界でしか現時点ではないんであってですね。

そういう意味ではもうこの事件の真実って分かることはもうないんじゃないかなと思っているんで。

山方元捜査一課長

――悪夢でうなされる?

やっぱしね、犯人を追いかけよるけどつかまえきらんとですよ。もうちょこっと、ち思ったときに行動に出るというかですね。

いま(足の)爪生えきっとらんですよ。犯人ば逃げていきよるけん捕まえてくださいと言われて、おお、任しとけと言ってボン! と出たら柱蹴っとってですね、そしたら、爪が飛んでいってですね、まだ生えとらんですよ。生爪でですね。

なんでこんなにやるかち思うけどね。人は、「あなたやっぱり、それ以外考えんでしか生きとらんやっとじゃないですか」と。

人をつかまえる、人を追いかける、そういうことをいまするちゅうことは、まだそれがやり足らんやったからやりたいちゅうことですかなちゅう言われて。俺も分からんちゅうたけどね。

三差路に立つ宮崎氏

宮崎元記者

当時よく思っていたし、いまでも思うんですけど、死ぬ前に一個何かお願いを聞いてくれてというのがあれば、そのときに、あの朝、何があったのかと。いうのをですね。

どこかにカメラがあって、巻き戻してですね、見せてほしいなと。どんな感じで。本当に彼だとすればですよ。

違う人だったらどうするのか。衝撃ですけどね。

どっかのカメラからね。これが本当でしたっていう。

三〇年間巻き戻して。

警察官、久間三千年の妻と弁護士、そして、新聞記者。それぞれが信じる「真実」と、それぞれが拠って立つ「正義」。

いったい何が真実なのか。

誰の正義を信じればいいのか。

エピローグ　正義の行方

二〇一二年六月から始まった飯塚事件の取材では、思いがけず、何人もの当事者の口から「正義」という言葉を聞くことになった。

元警察官の飯野和明は「被害者の恨みを晴らすことが刑事の正義」と力を込めて語り、元西日本新聞の傍示文昭は「刑事の正義と弁護士の正義は噛み合わないが、それぞれが正義として正しいと思う」と記者としての公正なスタンスを述べた。

久間元死刑囚の妻が「警察の中にまだ正義はあると思っている」と話したときには非常に驚いた。警察がいつか夫の無実を証明してくれる、それが警察の正義のはずだという悲痛な叫びに聞こえた。妻はいまも亡き夫の雪冤《せつえん》を胸に生きている。

ただ一人、「正義があまり好きではない」と話したのが徳田靖之弁護士だった。

たとえば太平洋戦争を起こした人たちにも正義はあり、立場によって価値観が変わる正義については語りたくないという言葉が印象的だった。

そして、自らのスクープ報道に苦しみ続けた元西日本新聞・宮崎昌治は「ジャーナリストとして学んだのはいろんな正義を相対化することだ」と記者としての歩みを振り返った。

当事者たちが語るそれぞれの正義。その中には個人の正義もあれば、警察や新聞社という組織の正義もあった。


また、事件の「真実」については、被害者と久間元死刑囚がいなくなったいま、DNA型鑑定の試料が本当に存在しないとすれば、西日本新聞の中島邦之が言うように「真実は神様でもない限り分からない」のが現実だ。

しかも、元警察官と久間元死刑囚の妻が語る「真実」が食い違う場面もあった。もし自分が裁判員としてこの事件を裁く立場だったらどう判断するのか。人が人を裁くことの重さが迫ってくる。

読者の皆さんは、誰の「真実」と「正義」に傾いただろうか。それとも映画『羅生門』のように「藪の中」に迷い込んでしまったか。

NHKでの番組の放送後に山方泰輔・元福岡県警捜査一課長に電話を入れると、ちょうど番組を観たという知人と話したばかりだという。「あんたは無実の人を捕まえたとか、と訊かれた」と山方は語りはじめた。

そして、たじろぐ私に続けた。

「あの番組はどちらの側にも立っとらんと私は思うとる。やけん、知り合いにも、あんたが裁判員のつもりで番組を観て久間が無罪と思ったら、それはそれで良いんやないねと言うてやったよ」

それからは電話口で「いまの警察官はインターネットや監視カメラに頼ってばかりでつまらん。もっと足で稼ぎ、五感を使わんと警察はおかしくなってしまう」といつもの山方節が始まった。

西日本新聞は検証報道が終わった後も、飯塚事件に動きがあるたびにきめ細かな報道を続けている。

宮崎昌治と傍示文昭はそれぞれ社会部長・編集局長を務めた後、別々の地元テレビ局へ移籍した。二人とも報道番組を統括する立場で、飯塚事件に動きがあると画面に登場して解説を行うなどいまも飯塚事件に関わりつづけている。

検証報道のキャップだった中島邦之は定年を迎えたが、西日本新聞社にとどまり編集委員を務める。現在は飯塚事件の取材経験を活かし、再審請求を提起している鹿児島の大崎事件の報道に力を入れる。飯塚事件同様にあらゆる角度から事件と裁判を検証する記事を連打し、司法の矛盾に警鐘を鳴らしつづけている。

また、中原興平記者はその後、人権問題をテーマに選んだ。日本の人権運動の「原点」である全国水平社の創立一〇〇年の節目に、部落問題をはじめとする課題と向き合う長期連載「人権新時代」をキャップとして統率し、二〇二三年度の新聞協会賞を受賞した。

徳田靖之弁護士と岩田務弁護士が束ねる弁護団の闘いは依然続いている。二〇二一年七月に提起した第二次再審請求審だ。弁護団は新たな目撃証言を新証拠として提出した。

福岡県内に住む木村泰治さんが事件当日、飯塚市内で被害者の二人とみられる女児を乗せた軽乗用車と遭遇したが、運転していたのは三十代前後の丸刈りの男性で、久間元死刑囚ではなかったという証言だった。

木村さんはそのことが頭から離れず、福岡地裁に裁判の傍聴に行き、法廷の久間と目撃した人物は見た目が異なっていることを確認したという。

もう一点、弁護団が新たなポイントとするのが、女児が連れ去られたとされる通学路にある「三差路」での目撃証言だ。

農協職員の女性は登校する二人の女児を車から見たと証言し、その約三分後に同僚の女性が三差路を通ったときには女児を見ていないことから、この「空白の三分」に二人が連れ去られたと裁判所は認定してきた。

この間に三差路に居合わせた造園業の男性が、久間の車に似た「後輪ダブルタイヤの濃紺ワンボックスカー」が走り去るのを見たという証言をしたからだ。

二〇二四年二月、弁護団はこの「空白の三分」に関する新証拠の存在を明らかにした。二人の女児を最後に見たとされる農協職員の女性が当時の供述を否定したのだ。女性は「三差路で女児たちを見たのは事件当日ではなく別の日だ」と何度も言ったが聞き入れてもらえず、「あなたは見たんだ」と警察官に押しきられたという。

弁護団はこの新供述によって「三差路付近で午前八時三〇分ころに誘拐された」という裁判所の認定が根拠を失い、濃紺ワンボックスカーを三差路で見たとする造園業者の目撃証言も意味を持たなくなると主張している。

一方、検察側は「農協職員の女性が三〇年も経ってから供述を翻していることは信用できない」と新供述に強く反論し、第二次再審請求審の大きな争点となっている。

福岡地裁での判断は早ければ二〇二四年中にも下されると弁護団は見ている。
そのとき、徳田弁護士は八〇歳に、岩田弁護士は七九歳になる。

〈映画版スタッフ〉

製作・配給　東風
　　渡辺祐一　向坪美保　石川宗孝　早坂苑子
宣伝美術　渡辺純
WEBデザイン　坂元純（月光堂）
予告編編集　北川帯寛
協力　NHKエンタープライズ
　　河邑厚太　渡辺勝之
　　IMAGICA Lab.
制作協力　北條誠人（ユーロスペース）
特別協力　西日本新聞社
映像技術　白井克人
カラーグレーディング　柏原正広
MA　小田崇
音響効果　細見浩三
編集　渡辺政男
プロデューサー　岩下宏之　木下繁貴
制作　ビジュアルオフィス・善
監督　木寺一孝

〈テレビ版スタッフ〉

撮影　澤中 淳
音声　卜部 忠
照明　柳 守彦
ドローン撮影　嵩山幸之輔
車両　岡崎健一郎　小國裕生
映像技術　鈴木教文
カラーグレーディング　山根暁子
映像デザイン　和田岳秋
CG制作　大島貴明
MA　小田 崇
音響効果　細見浩三
編集　渡辺政男
ディレクター　木寺一孝
制作統括　東野 真
テレビ版制作・著作　NHK

※本書は２０２２年４月23日初回放送ＮＨＫ　ＢＳ１スペシャル『正義の行方～飯塚事件30年後の迷宮～』及び２０２４年４月公開の映画『正義の行方』を書籍化したものです。
（文中の敬称は省略させていただきました）

木寺一孝 **きでら・かずたか**
1988年、京都大学法学部を卒業後、NHK入局。2003年、NHKスペシャル「父ちゃん母ちゃん、生きるんや～大阪・西成 こどもの里～」で文化庁芸術祭賞優秀賞・ギャラクシー賞特別賞受賞。2011年、ハイビジョン特集「死刑～被害者遺族・葛藤の日々～」でギャラクシー賞奨励賞受賞。2016年、福岡発地域ドラマ「いとの森の家」で放送文化基金賞奨励賞受賞。2019年、映画「"樹木希林"を生きる」を監督。2022年、BS1スペシャル「正義の行方～飯塚事件 30年後の迷宮～」で文化庁芸術祭賞大賞、ギャラクシー賞選奨受賞。2023年、NHKを退職し、現在は「ビジュアルオフィス・善」東京支社長。

正義《せいぎ》の行方《ゆくえ》

2024年3月31日第1刷発行

著　者　木寺一孝《きでらかずたか》 © Kazutaka Kidera, NHK2024
発行者　森田浩章
発行所　株式会社 講談社
〒112-8001 東京都文京区音羽2-12-21
電話 編集(03) 5395-3522
販売(03) 5395-4415
業務(03) 5395-3615

KODANSHA

印刷　株式会社新藤慶昌堂
製本　大口製本印刷株式会社
図版制作　アトリエ・プラン

定価はカバーに表示してあります。

落丁本・乱丁本は購入書店名を明記のうえ、小社業務あてにお送りください。

送料小社負担にてお取り替えいたします。

なお、この本の内容についてのお問い合わせは第一事業本部企画部あてにお願いいたします。

本書のコピー、スキャン、デジタル化等の無断複製は著作権法上での例外を除き禁じられています。本書を代行業者等の第三者に依頼してスキャンやデジタル化することは、たとえ個人や家庭内の利用でも著作権法違反です。

複写を希望される場合は、事前に日本複製権センター(電話03-6809-1281)にご連絡ください。Ⓡ〈日本複製権センター委託出版物〉

Printed in Japan　ISBN978-4-06-535560-2